성경으로 배우는

행복한 증권투자

저자 박정윤

영남대 상대(경영학 학사), 서울대 대학원(경영학 석사과정 수료), 아리조나 주립대학교 (MBA), 그리고 켄터키 대학교(경영학 박사, 재무관리 전공)에서 차례로 공부를 하였다.

학부를 졸업한 후에 외환은행에서 7년간 근무하다가 1981년부터 현재까지 영남대학교 상경대학 경영학부와 대학원에서 기업재무관리와 투자론, 그리고 인터넷 강의인 "성경으로 본 행복한 부자"와 "성경으로 배우는 증권투자"를 각각 강의하고 있다.

미국 LeTourneau University(1994-1995)와 캐나다 Trinity Western University(2004-2005)에서 방문교수를 역임하였으며 영남대학교 경영대학원 원장을 역임한 바 있다.

현재 성경적 경영 원리를 연구하는 학회인 한국로고스경영학회 회장과 영남대학교 부설 연구소인 창업중소기업경영지원센터 소장을 맡고 있다.

저서로는 『행복한 증권 투자』 외에 『행복한 부자』, 『빚진 자로 살 것인가 빌려주는 자로 살 것인가』 등 다수가 있다. 또한 역서로 『하나님, 돈을 어떻게 쓸까요?』(공역) 외에 다수가 있다.

그는 KOSTA에서 강사로 활동한 외에 여러 교회와 대학에서 성경적 가계재무관리와 증권투자에 대한 강의를 하면서 통합적 연구에 지속적인 관심을 가지고 있다. 현재 대구 동신교회에서 시무장로로 교회를 섬기고 있다.

성경으로 배우는 **행복한 증권투자**

초판 발행 2008년 4월 1일 | **초판 2쇄** 2008년 7월 30일

지은이 박정윤 | **펴낸이** 우동기 | **펴낸곳** 영남대학교출판부 | **디자인** GukjeAD

출판등록 1975년 9월 5일 경산 제16-1호 | **주소** 경북 경산시 대동 214-1

전화 053) 810-1801~3 | **FAX** 053) 810-4722 | **홈페이지** book.yu.ac.kr

ISBN 978-89-7581-355-9 93320

• 값은 표지 뒷면에 있습니다.

• 잘못 만들어진 책은 바꾸어 드립니다.

성경으로 배우는

행복한 증권투자

The Joy of Investing :
Biblical Principles of Good Investment Practice

박정윤 지음

열린시선

Introduction
서론

사도 베드로는 흩어진 교회 성도들에게 보내는 편지에서 이렇게 말하고 있다. "너희가 전에는 양과 같이 길을 잃었더니 이제는 너희 영혼의 목자와 감독 되신 이에게 돌아왔느니라" 베드로 전서 2:25.

저자가 예수 그리스도를 주님으로 영접하기 전에도 빨리 부자가 되기를 원하면서 증권투자와 부동산 투자를 한 적이 있다. 그리고 돈을 빌리기도 하고 빌려주기도 하면서 재무관리를 하였다. 그런데 지금 돌이켜보면, 이전에 나의 지식과 지혜로 재무관리를 하고 투자를 한 것은 마치 모래 위에 지은 집처럼 어느날 와르르 무너져 버렸다.

그런데 성공적인 재무관리와 투자를 할 수 있었던 것은 하나님의 말씀을 늘 묵상하고, 묵상을 통해 깨달은 말씀을 재무생활에 적용했기 때문이다. 예컨대, 1990년 전후에 빌린 돈으로 주식투자를 하고 주택도 투자목적으로 구입하였는데 빌려준 수천만 원의 돈은 받지 못하게 되고, 빌린 돈으로 투자한 자산의 가치는 오히려 하락하자 마음의 평안도 잃고 경제적 어려움을 겪었다.

이 때 기도를 통해 성령님께서 생각나게 하신 말씀은 로마서 13장 8절이었다. "피차 사랑의 빚 외에는 아무에게든지 아무 빚도 지지 말라 남을 사랑하는 자는 율법을 다 이루었느니라." 이 말씀을 묵상하면서 하나님의 자녀는 빚지지 말고 살아야 하는 것을 깨달았다. 그래서 빚을 얻어 사둔 주택을 매도하고 모든 빚을 갚아버렸다. 그제서야 내 마음에 평안이 찾아왔다.

로마서 13장 8절은 재무관리에 대한 관점을 획기적으로 바꿔준 말씀이다. 이것이 계기가 되어 1994년 미국 르터너 대학에서 방문교수로 있을 때, 빚에 대한 성경적 원리를 체계적으로 공부하였고 그 결과를 1996년에 "성경적 차입 및 대출 원리"라는 제목으로 통합연구 학술지에 게재하였다. 그리고 한국이 IMF 외환위기를 겪게 된 것이 기업을 비롯한 경제주체들의 과다한 부채 사용에 있음을 인식하고 성경의 빚에 대한 가르침을 나만 알고 있을 것이 아니라 많은 사람들에게 알릴 필요를 느끼면서 1998년 『빚진 자로 살 것인가 빌려주는 자로 살 것인가』를 단행본으로 펴내게 되었다.

『행복한 증권투자』는 일차적으로 "성경으로 배우는 증권 투자" 과목을 수강하는 학생들을 위해 쓴 것이다. 그러나 이 책을 이들만을 위해 쓴 것은 아니다. 투자를 통해 나만 잘 살기 위한 것이 아니라 내가 살고 있는 사회와 인류의 미래까지 고려하고자 하는 성숙한 그리스도인에게도 이 책은 유익할 것이다. 나아가 현재 금융 서비스업에 종사하는 직장인, 그리고 금융산업이 제조업이나 서비스 업에 비해 고부가 가치 산업인 것을 인식하고 재무 설계사나 PB와 같은 금융 전문가가 되기 위해 준비하는 청년들을 위해 쓴 것이기도 하다. 또한 투자론을 공부하고 있는 학부의 대학생들의 교재로도 사용될 수 있지만 대학원에서 사회책임투자에 관심을 가지고 있는 학생들에게도 도움이 될 것이다.

이 책을 효과적으로 사용할 수 있도록 매 장 끝에 〈정리를 위한 토론 문제〉를 추가하고 있다. 각 장의 내용을 얼마나 이해했는지 개인적으로 확인할 수 있다. 또 그룹으로 함께 공부한다면 학습 효과가 크게 증가할 것이다.

이 책이 나오기까지 필자에게 도움을 준 사람들에게 감사의 표시를 하고 싶다. 먼저 한동대학교에서 경영학을 공부하면서 '청지기 투자학회'의 회원으로 활동하고 있는 김영준 군, 영남대학교 영문학과에 재학중인 함혜원 양과 국제통상학부의 정병호 군이 원고를 같이 검토해 주었다. 재무관리를 전공하기 위해 대학원에 입학한 손성훈 군도 원고를 검토하는 일을 열심히 도왔다. 원고를 쓰느라 지쳐있던 필자에게 이들의 도움이 없었다면 제 때에 책이 나올 수 없었을 것이다.

마지막으로 영남대학교의 교양 도서로 출판될 수 있도록 기회를 주시고 신속하게 진행해 주신 출판부의 이현진 부장님과 남삼희 행정실장님, 그리고 편집을 책임지고 도와주신 이종백 선생님에게 감사의 마음을 전하고 싶다.

2008년 3월 경산 연구실에서

저자 씀

Contents
차례

1부

[Designing Your Financial House]

"여호와를 경외하는 것이 지혜의 근본이요
거룩하신 자를 아는 것이 명철이니라" 잠언 9:10

The fear of the LORD is the beginning of wisdom,
and knowledge of the Holy One is understanding.

chapter
01

성경으로 배우는 증권투자

"모든 성경은 하나님의 감동으로 된 것으로 교훈과
책망과 바르게 함과 의로 교육하기에 유익하니" 디모데 후서 3:16

All Scripture is God-breathed and is useful for teaching,
rebuking, correcting and training in righteousness.

['성경으로 배우는 증권투자' 와 투자론의 차이]

최근 웬만한 대학에서는 투자론 또는 증권투자론 과목을 강의하고 있다. 투자론에서는 채권, 주식, 그리고 파생금융상품인 옵션과 선물 등의 투자대상과 이들이 거래되는 자본시장의 기능에 대해 체계적으로 다루고 있다. 그리고 이러한 과목에 대한 교과서는 무수히 많다. '성경으로 배우는 증권투자' 는 이런 책과는 여러 가지 점에서 다르다. 우선 일반적인 투자론은 성경적 세계관을 무시하고 있고 지나치게 이론 중심으로 다루고 있어서 학생들이 수강을 꺼리는 과목 중의 하나에 속한다. 또한 기존의 투자론은 개인의 투자수익 극대화에만 관심을 두고 있고, 투자가 다른 사람에 미칠 영향을 고려하지 않고 있다.

그러나 성경은 우리에게 이렇게 말하고 있다. "여호와를 경외하는 것이 지식의 근본이거늘 미련한 자는 지혜와 훈계를 멸시하느니라" 잠언 1:7. 여호와를 경외한다는 것은 하나님을 두려워하면서 그 명령을 준행하는 것이다. 따라서 우리는 투자에서도 하나님의 말씀과 성경의 투자원리를 고려하여야 한다. 하나님의 말씀과 성경적 가치관을 고려한 증권 투자론이 바로 '성경으로 배우는 증권투자' 이다. 투자가 나의 수익에도 영향을 주지만 사회에도 직접적으로 또는 간접적으로 영향을 미친다는 사실을 인정하여야 한다. 따라서 성경으로 배우는 증권투자에서는 투자결정을 내릴 때 자연히 윤리적인 측면을 고려하게 된다.

[왜 증권투자를 성경으로 배워야 하는가?]

투자론에서 증권투자에 대한 내용을 체계적으로 다루고 있다면 왜 굳이 투자를 성경으로 배워야 하는가? 첫째 이유는 투자론의 내용이 까다로워 이해하기도 쉽지 않고 그것을 실제 투자에 적용하는 것이 용이하지 않다는 것이다. 그래서 개인 투자자의 경우 투자 실패가 많은 것으로 알려져 있다. 한 조사에서는 100명 중 90명 정도는 투자손실을 경험한 것으로 알려졌다.[1]

둘째, 저자의 투자경험에 비추어볼 때 투자론에서 배운 지식으로는 투자에 대한 것을 온전히 배울 수 없었다. 오히려 성경 말씀을 통해서 투자에 대한 원리를 이해하고 그 원리를 실제 투자에 적용했을 때 마음의 평안도 얻을 수 있었고 투자성과도 높일 수 있었다. 예컨대, 저자는 마태복음 13장 44절을 묵상하면서 '창조적 투자론' 이라는 논문을 '통합연구'에 게재하게 되었고 이 원리를 지금도 실제 투자에 적용하고 있다.

또한 속히 부자가 되기 위해 빚을 내어 투자를 하면서 어려움을 겪었을 때 저자는 로마서 13장 8절을 묵상하였다. 묵상을 통해서 저자는 빌려서 투자하는 것이 하나님의 뜻에 어긋난다는 것을 깨닫고 모든 빚을 갚고는 다시는 빚내서 투자를 하지 않기로 결심하였다. 결국 성경적으로 빚에 대한 연구를 하였고, 그 결과 '성경적 차입 및 대출원리' 라는 논문을 '통합연구' 에 게재하였다.

우리는 성경을 구원에 이르는 방법을 알려주는 책으로만 생각하고 있으나 실제로 인생의 모든 문제에 대한 궁극적인 답을 제시하고 있다. 재무관리와 투자에 대해서도 마찬가지이다. 성경은 빈부에 대한 정의를 가르쳐주기도 한다. 솔로몬은 잠언에서 "부자는 가난한 자를 주관하고 빚진 자는 채주의 종이 되느니라" 잠언 22:7고 말하고 있다. 이 말씀을 자세히 묵상하면 채주, 곧 채권자는 부자라는 것을 인식할 수 있다. 그리고 빚진 자, 즉 채무자는 가난한 자라는 것을 알 수 있다.

또한 솔로몬은 행복한 부자가 되는 법을 알려주기도 한다. "여호와께서 주시는 복은 사람을 부하게 하고 근심을 겸하여 주지 아니하시느니라" 잠언10:22. 이러한 내용은 저자가 지은 다른 책인 『행복한 부자』에서 깊이 있게 다루고 있다.

[설문조사의 결과]

저자는 "성경으로 배우는 증권투자"를 수강하는 학생들을 대상으로 설문조사를 실시하여 2007년 한국로고스경영학회 추계학술대회에서 발표를 하였다. 수강학생 중에서 이 설문에 응한 학생 수는 334명이었다. '성경으로 배우는 증권투자' 과목의 수강생의 73%가 이전 학기에 '성경으로 본 행복한 부자' 를 수강하였거나 같은 학기에 수강한 것으로 답하였다. 이는 수강생들이 성경적 세계관에 기초하여 개발한 과목에 대하여 관심이 높은 것으로 해석할 수도 있다.

한 문항에서는 '성경으로 배우는 증권투자'에 대한 만족도를 물었다. 48%인 163명은 '매우 만족하고 있다' 로 답했고, 38%는 '조금 만족하고 있다' 고 답했다. 이 과목에 대한 만족도는 대체로 높은 것으로 나타났다.

또 "귀하는 이 과목을 다른 학생에게 수강을 추천하겠습니까?" 라는 질문에 59%가 '적극적으로 추천하고 싶다' 고 답했다. '소극적으로 추천하고 싶다' 가 24%였다. '잘 모르겠다' 고 답한 학생은 14%에 지나지 않았다. 설문조사를 통하여 이 과목을 수강한 학생들의 대부분은 다른 학생들에게 추천하겠다는 의지를 보이고 있다는 사실을 알 수 있는 것이다.

이 과목의 수강생의 종교를 파악하여 보았다. 개신교가 44%로 가장 높았고, 불교가 10%로 그 다음으로 높았다. 천주교는 9%로 불교와 비슷한 수준이었다. 이슬람교는 한 명도 없었고 기타가 34%였다.

성경을 얼마나 자주 읽느냐는 질문에 '일주일에 한 번 정도' 가 30%로 가장 높게 나타났다. '전혀 읽지 않고 있다' 고 답한 학생이 27%로 두 번째로 많았다. '거의 매일' 성경을 읽는 학생도 18%로 꽤 높았다. '한 달에 한 번 정도' 와 '일 년에 한 번 정도' 라고 답한 학생은 각각 10%와 12%였다.

수강생들이 가장 많이 활용하고 있는 금융자산은 '보통예금' 이 63%로 제일 높았다. '펀드나 수익증권' 에 투자하는 학생도 19%로 비교적 높았다. '주식' 과 'MMF나 CMA' 에 투자하고 있는 수강생은 각각 8%였다. 그러나 채권에 투자하고 있는 학생은 한 명도 없었다. 주식에 직접투자를 한 경험이 있는 학생은 고작 23%에 지나지 않았다.

주식투자를 할 경우, 학생들의 목표수익률은 '10%' 와 '15%' 를 답한 학생이 31%와 29%로 비슷하였다. 따라서 학생들이 주식투자로부터 벌고자 하는 목표수익률은 상당히 건전한 것으로 나타났다. '20%' 와 '25% 이상' 으로 답한 학생은 각각 17%와 12%였다. '8%' 로 답한 학생도 9%나 되었다.

또 이 과목을 수강하는 학생들은 간접 투자인 펀드 투자를 직접 투자보다 더 선호하는 것으로 조사되었다. 간접 투자를 더 선호하는 학생이 63%로, 직접 투자를 더 선호하는 학생은 36%로 나타났다.

"성경적 세계관에 기초하여 또 다른 인터넷 강의를 개설한다면 수강을 하겠습니까?" 라는 질문에는 '예' 로 답한 학생이 73%나 되었고, '아니오' 라고 답한 학생은 8%에 지나지 않아 성경적 세계관에 기초한 과목을 계속 개발할 필요가 있는 것으로 조사되었다.

[설문결과의 시사점]

'성경으로 배우는 증권투자'를 인터넷 과목으로 개발한 것이 우리에게 주는 시사점은 무엇인가?[2] 첫째, 일반 대학에서 성경에 기초하여 전공 과목을 통합적으로 개발함으로써 대학생들에게 모든 학문을 하는 데 있어서 성경 말씀이 중요한 지식이라는 것을 인식하도록 하였다. 뿐만 아니라 구약과 예수 그리스도의 비유를 통하여 투자 원리를 도출하고 가르침으로써 성경은 모든 지혜와 지식의 보화로 가득 차있다는 것을 보여주었다.

둘째, 증권투자에 대한 학습동기를 유발하여 학습효과를 제고할 수 있을 것으로 기대된다. 한 학생은 이런 반응을 보였다. "수업을 들을 때마다 정말 참신하다는 생각이 든다. 성경과 증권투자의 연결성이 너무 자연스럽다. 투자와 성경이 상당히 방대한 자료라고 생각하는데 그 노고에 찬사를 보내고 싶다." 또 다른 학생은 이 과목을 통하여 경제에 대한 이해도가 높아졌다고 밝히고 있다. "저도 경제에 대해서는 완전히 몰랐는데요. 이 강의를 들으며 하나하나 알아간다는 것이 신기하군요. 수업을 하나님의 말씀과 함께 하니 시간가는 줄도 모르겠습니다."

셋째, 설문조사 결과에 의하면 이 과목을 수강하는 학생들의 절반 이상이 off-line 강의보다 인터넷 강의를 더 선호하고 있다. 또한 이 현상은 학년이 높아질수록 더 뚜렷하였다. 따라서 대학에서는 대학생들의 이러한 수요를 충족시킬 수 있도록 정책적 노력을 할 필요가 있을 것이다.

[완전한 투자의 핵심 원리]

저자는 한 때 빨리 부자가 되기 위해 빚을 내 주식투자를 하고 투자목적으로 집을 사기도 하였다. 투자론에서 배운 내용을 바탕으로 투자분석을 세밀하게 한 후에 투자를 하였으나 사둔 주식의 주가는 하락하고 주택가격도 기대에 미치지 못하게 되자 심리적으로 불안하여 기도를 한 적이 있었다. 하나님은 이런 나에게 주식을 팔도록 원하셨지만 나는 주가가 회복되기를 기다리며 망설이고 있었다. 그러던 중에 아파트를 청약한 것이 당첨이 되어 아파트 중도금을 마련하기 위해 주식을 팔지 않을 수 없는 상황에 이르게 되었다. 결국 주식은 가격이 폭락하기 전에 다 팔게 되었고 당첨된 아파트는 나중에 보니 분양가보다 네 배나 올라 있었다. 이 때 나는 단지 초보 투자자에 지나지 않고 하나님은 '완전한 투자자'라는 생각을 하게 되었다.

나중에 성경을 다시 자세히 읽고 공부해보니 성경은 어떤 투자론 교재보다도 더 근본적으로 투자에 대해 가르쳐주고 있다는 사실을 알게 되었다. 만약 내가 진작 잠언, 마태 복음, 그리고 누가 복음을 연구하는 데 더 많은 노력을 하고 깨달은 원리를 투자에 적용했다면 마음의 평안을 잃지 않고 현재보다 더 높은 투자성과를 얻을 수 있었을 것이라는 생각이 든다.

잠언은 이렇게 말하고 있다.

"어리석은 자의 퇴보는 자기를 죽이며 미련한 자의 안일은 자기를 멸망시키려니와 오직 내 말을 듣는 자는 평안히 살며 재앙의 두려움이 없이 안전하리라" 잠언 1:32-33.

또 다른 곳에서는 이렇게 말하고 있다.

"나는 정의로운 길로 행하며 공의로운 길 가운데로 다니나니 이는 나를 사랑하는 자가 재물을 얻어서 그 곳간에 채우게 하려 함이니라" 잠언 8:20-21.

여기서 '나'는 지혜를 가리킨다. 이 지혜는 곧 여호와 하나님이며 하나님을 경외하며 지혜를 사랑하여 그 말씀대로 사는 자가 재물을 얻어서 부자가 될 수 있다는 것이다. 따라서 '성경으로 배우는 증권투자'의 핵심 원리는 구약과 신약에서 각각 한 절로 요약할 수 있다. 구약의 핵심 원리가 되는 말씀은 "여호와께서 주시는 복은 사람을 부하게 하고 근심을 겸하여 주지 아니하시느니라" 잠언10:22 이다. 그리고 신약의 핵심 원리가 되는 말씀은 "그런즉 너희는 먼저 그의 나라와 그의 의를 구하라 그리하면 이 모든 것을 너희에게 더하시리라" 마태복음 6:33 이다.

우리는 투자를 할 때도 먼저 하나님의 나라를 찾고 구해야 한다. 그럴 때 경제적인 부와 함께 평안과 기쁨을 맛볼 수 있다. 하나님의 나라와 의는 예수 그리스도의 나라와 의라 할 수 있다. 그래서 바울은 "하나님의 나라는 먹는 것과 마시는 것이 아니요 오직 성령 안에 있는 의와 평강과 희락이라" 로마서 14:17 고 말하고 있다.

[이 책의 목적]

이 책을 쓰게 된 목적은 다음과 같다.

첫째, 이 책을 쓰게 된 가장 긴급하고 현실적인 목적은 영남대학교를 중심으로 '성경으로 배우는 증권투자'를 인터넷으로 수강하고 있는 학생들에게 교재로 제공하여 학습효과를 높이기 위한 것이다.

둘째, 디모데 후서 3장 16절에 의하면 "모든 성경은 하나님의 감동으로 된 것으로 교훈과 책망과 바르게 함과 의로 교육하기에 유익하니"라고 말한다. 이것은 투자에도 그대로 적용될 수 있다. 즉 성경은 투자에 대한 교훈을 가르쳐 줄 뿐만 아니라 잘못된 투자를 하고 있을 때 우리를 책망하기도 한다. 또한 책망에서 그치는 것이 아니라 잘못된 투자를 하고 있을 때 올바른 투자를 할 수 있도록 해준다. 그리고 성경은 한걸음 더 나아가 우리에게 영원한 관점에서 투자를 할 수 있도록 알려준다. 또한 말씀이나 비유를 통해 투자를 가르침으로써 독자들에게 투자에 대한 흥미도 유발할 뿐만 아니라 투자에 대한 실질적인 교육이 가능하기 때문이다.

셋째, 실제 투자자나 잠재적 투자자들이 증권투자에 대한 부정적인 생각을 떨쳐버리고 긍정적이고 적극적인 생각을 갖도록 하는 데 있다.

마지막으로, 이 책을 계기로 실패한 투자자가 성공적인 투자자가 되도록 할 뿐만 아니라 꿈을 품고 부가가치가 아주 높은 금융 분야로 진출할 대학생들을 많이 배출하는 데 있다.

[책의 주제와 구성의 특성]

우선 이 책에서 다루는 내용은 다음과 같다.

- 성경으로 배우는 증권투자
- 투자에 대한 성경적 관점과 투자계획
- 성경의 투자원리
- 위험이 낮은 금융상품의 투자
- 안정적 소득을 위한 채권투자
- 성장을 위한 주식투자
- 사회책임투자
- 스크리닝의 원리와 적용
- 기업과의 직접적 대화
- 투자를 통한 지역사회개발
- 환경투자의 이해와 적용
- 투자 상담과 펀드 투자
- 영원한 투자

이러한 주제를 다룰 때 먼저 각 장의 전반부에서 이 주제와 관련된 성경적 원리를 말씀에 기초해 설명하고 있다. 그리고 각 장의 후반부에서 실제적인 내용을 설명하고 있다. '성경으로 배우는 증권투자'의 인터넷 강의는 이 두 가지 내용을 별개의 강의로 진행하고 있으나 책에서는 두 강의를 하나로 묶어 서술하고 있다.

그리고 각 장의 주제에 대한 설명이 끝나면 개인적으로나 그룹으로 배운 내용을 정리할 수 있도록 토론 문제를 추가하였다.

chapter 01
정리를 위한
토론문제

1. '성경으로 배우는 증권투자' 는 기존의 투자론과 무엇이 다르다고 생각합니까?

2. 저자가 '증권투자를 성경으로 배워야 한다' 고 생각하는 이유가 무엇입니까?

3. 당신은 증권투자를 해본 경험이 있습니까? 만일 있다면 그것이 성공한 투자이든 실패한 투자이든 그 요인을 1장의 내용과 비교하면서 서로 이야기해 봅시다.

4. 저자는 이 책에서 '성경으로 배우는 증권투자' 의 핵심 원리가 되는 말씀 2가지를 제시하고 있습니다. 이 두 가지 말씀이 무엇인지 말하고 각각에 대한 바른 뜻이 무엇인지 토론해 봅시다.

5. 저자는 1장에서 성경은 구원에 이르는 방법을 제시할 뿐만 아니라 인생의 모든 문제에 대한 궁극적인 답을 제시하고 있다는 주장에 대해 당신의 생각을 이야기해 봅시다.

chapter
02

성경적 투자관과 투자계획

"천국은 마치 밭에 감춰진 보화와 같으니 사람이 이를 발견한 후 숨겨 두고 기뻐하며 돌아가서 자기의 소유를 다 팔아 그 밭을 사느니라" 마태복음 13:44

The kingdom of heaven is like treasure hidden in a field. When a man found it, he hid it again, and then in his joy went and sold all he had and bought that field.

[창조적 투자론]

주변에 있는 사람들의 이야기를 듣다 보면 실패한 투자사례를 너무 많이 듣게 된다. 저자도 지금까지의 투자 경험을 돌이켜 보면 성경 말씀으로 투자를 공부하기 전에는 많은 실패를 경험한 기억이 있다. 저자가 성경적 투자에 관심을 가지게 된 것은 1992년도에 '창조적 투자론' 이라는 논문을 작성하면서부터이다.[3] 마태복음 13장 44절을 묵상하면서 이 말씀에 근거하여 성경적 투자의 체계를 정리하고 발표할 가치를 느꼈다. 성경에 의하면 최고의 투자는 천국투자이다. 왜냐하면 천국은 마치 밭에 감춰진 보화와 같기 때문에 사람이 이것을 발견하고 바로 그것을 숨겨두고 기뻐하여 돌아가서 자기의 모든 소유를 팔아 그 밭을 샀다고 기록되어 있기 때문이다.

'창조적 투자론' 에 의하면 우리가 투자할 수 있는 대상에는 진리 자산, 인적 자산, 그리고 물적 자산이 있다. 진리 자산은 삼위일체 하나님과 그 말씀이다. 인적 자산은 하나님의 형상으로 지음을 받은 사람이다. 마지막으로, 물적 자산은 보통 우리가 알고 있는 실물자산real assets과 금융자산financial assets을 말한다.

[투자 자산의 가치 평가]

그런데 성경적 관점에서 투자를 성공적으로 하기 위해서는 각 투자 대상의 가치를 정확히 평가할 수 있어야 한다. 앞에서 언급한 세 가지 자산의 가치를 성경은 어떻게 평가하고 있는가? 우선 진리 자산은 절대적 가치가 있다. 이 진리 자산을 가지고 있는 자만이 천국에 들어갈 수 있기 때문이다. 솔로몬은 이 진리 자산을 지혜로 말하고 있다. 솔로몬은 "나를 사랑하는 자들이 나의 사랑을 입으며 나를 간절히 찾는 자가 나를 만날 것이니라 부귀가 내게 있고 장구한 재물과 공의도 그러하니라 내 열매는 금이나 정금보다 나으며 내 소득은 순은보다 나으니라" 잠언 8:17-19라고 말하고 있다. 여기서 '나' 는 바로 지혜를 말하며, 이 지혜는 곧 여호와를 가리킨다. 그리고 예수 그리스도가 바로 지혜의 왕이다. 진리 자산은 그 가치가 다른 투자

대상에 비교할 수 없을 만큼 크기 때문에 우리의 가진 모든 것을 희생해서라도 최우선적으로 투자해야 한다. 왜냐하면 지혜는 부귀와 재물과 공의를 가졌기 때문이다. 그래서 우리는 진리 자산인 하나님과 지혜를 항상 사랑해야 한다.

인적 자산인 사람의 가치는 어떤가? 피조물 가운데 사람만이 하나님의 형상으로 지음을 받았다. 창세기 1장 27절은 이렇게 기록하고 있다. "하나님이 자기 형상 곧 하나님의 형상대로 사람을 창조하시되 남자와 여자를 창조하시고." 이것을 NIV로 읽어보면 이렇게 되어있다. So God created man *in his own image, in the image of God* he created him; male and female he created them.

하나님께서 사람을 자기 이미지를 따라 지으셨기 때문에 사람은 존귀한 존재이다. 예수 그리스도는 한 생명이 천하보다 귀하다고 말씀하시고 있다. "사람이 만일 온 천하를 얻고도 자기 목숨을 잃으면 무엇이 유익하리요 사람이 무엇을 주고 자기 목숨과 바꾸겠느냐" 마태복음 8:36-37. 따라서 성경의 진리를 따라 투자를 성공적으로 하기 원하는 사람은 물적 자산의 투자 가치가 아무리 크다 하더라도 인적 자산을 팔아 물적 자산을 사지 않을 것이다. 이 투자를 가장 잘 하신 분은 예수 그리스도이시다. 그는 더러운 귀신 들린 사람을 구하기 위해 거의 이천 마리나 되는 돼지 떼가 바다를 향하여 비탈로 내리달아 바다에서 몰사하도록 하셨다.[4] 우리도 실제 투자를 하면서 자기 자신의 건강과 생명은 말할 것도 없고 다른 사람에게 상처를 주거나 희생시켜서는 안 될 것이다.

마지막으로 성경은 물적 자산의 가치에 대해서 어떻게 평가하는가? 물적 자산의 가치를 누가복음 16장 10절에서 예수 그리스도는 지극히 작은 것으로 평가를 하신다. "지극히 작은 것에 충성된 자는 큰 것에도 충성되고 지극히 작은 것에 불의한 자는 큰 것에도 불의하니라." 여기서 '지극히 작은 것' 은 재물을 말한다. 그러나 재물이 그 가치가 아무리 작다 할지라도 그것을 정직하게 관리할 책임이 우리에게 있다. 예수 그리스도께서는 재물의 거래에 정직하지 않은 사람은 하나님께도 정직할 수 없다고 단언하신다. 얼마나 무서운 이야기인가. 재물에 부정직한 사람에게는 하나님의 '진정한 부' 인 천국을 맡기지 않으신다.

일반적 투자론에서는 물적 자산만을 다루지만 성경으로 배우는 투자에서는 투자 대상으로 물적 자산뿐만 아니라 인적 자산과 진리 자산까지 포함하고 있다는 사실을 우리는 주목해야 한다. 그러나 전개를 쉽게 하기 위해서 이 책에서도 대부분의 경우에는 물적 자산에 국한하여 설명하도록 한다.

[성경의 실물 자산과 금융 자산]

성경에서 실물 자산과 금융 자산에 대해 언급하고 있는가? 그렇다. 구체적으로 아브라함이 가지고 있었던 실물자산의 종류를 한번 살펴보자. 아브라함의 종, 엘리에셀이 라반을 만나서 이렇게 고백한 내용이 나온다. "여호와께서 나의 주인에게 크게 복을 주시어 창성하게 하시되 소와 양과 은금과 종들과 낙타와 나귀를 그에게 주셨고" 창세기 24:35. 여기서 소, 양, 은금, 종들, 낙타와 나귀가 실물 자산에 속한다.[5] 성경의 다른 부분에서도 무수히 많은 종류의 실물 자산을 찾을 수 있다.

금융 자산의 예는 어디에서 찾을 수 있는가? 창세기 23장에 보면 아브라함이 그의 아내 사라를 장사하기 위해 매장지를 헷 족속에게서 매입한 기록이 나온다. 사백 세겔의 값을 치르고 밭과 밭에 속한 굴을 매입한 것이다. 창세기 23장 20절에는 이와 같이 기록되어 있다. "이와 같이 그 밭과 거기에 속한 굴이 헷 족속으로부터 아브라함이 매장할 소유지로 확정되었더라." 여기서 아브라함이 정당한 가격을 주고 자기 소유로 확정했다는 것은 부동산 권리 증서를 작성해서 부동산을 양수받은 것으로 이해된다. 아브라함이 작성한 권리 증서가 바로 금융 자산인 셈이다.

누가복음 16장에 소개되고 있는 '불의한 청지기의 비유' 에서, 부자인 주인에게 빚진 자가 많이 있었는데 청지기가 실직할 위기에 처하자 빚진 자를 불러들여 채무 증서의 채무액을 삭감해주는 내용이 나온다. 예컨대, 기름 백말 빚진 자에게는 채무를 50말로 줄여주었다. 청지기가 빚진 자에게 이렇게 말한다. "여기 네 증서를 가지고 빨리 앉아 오십이라 쓰라" 누가복음 16:6. 여기서 말하는 증서가 바로 채무 증서이며, 이것은 금융자산에 속한다.

[자본의 종류와 투자]

어떤 자산에 투자하기 위해서는 자본이 필요하다. 우리가 가지고 있는 자본에는 어떤 종류가 있는가? '창조적 투자론' 에서는 자본의 종류를 진리 자본, 인적 자본, 물적 자본으로 분류하고 있다. 진리 자본은 삼위일체 하나님과 그 말씀이다. 인적 자본은 사람을 말한다. 그리고 물적 자본은 재물을 말한다.

어떤 사람들은 돈이 없으면 투자를 하지 못하는 것으로 생각한다. 투자를 협의로 이해하고 있기 때문이다. 그러나 성경은 물적 자본인 재물이 없어도 얼마든지 투자를 할 수 있다고 말한다. 예컨대, 마태복음 20장에 소개되고 있는 '포도원 품꾼의 비유' 에서, 놀고 있는 사람이 포도원에 들어가서 일하면 일당으로 한 데나리온을 받을 수 있다. 즉 자기 몸을 하루 투자해서 한 데나리온의 수익을 얻을 수 있다. 투자 자원이 없는 사람은 우선 노동을 통해 목돈을 마련해야 한다. 부모로부터 유산을 받지 않은 사람은 이 과정을 잘 거쳐야 한다.

또 사도행전 3장에 보면 베드로는 자기가 가지고 있는 진리 자본을 활용해서 사람에게 투자하는 기록을 읽을 수 있다.

"베드로가 이르되 은과 금은 내게 없거니와 내게 있는 이것을 네게 주노니 나사렛 예수 그리스도의 이름으로 일어나 걸으라 하고 오른손을 잡아 일으키니 발과 발목이 곧 힘을 얻고 뛰어 서서 걸으며 그들과 함께 성전으로 들어가면서 걷기도 하고 뛰기도 하며 하나님을 찬송하니" 사도행전 3:6-8.

여기서 예수 그리스도의 이름은 바로 진리 자본인 셈이다. 베드로는 가진 돈은 없었지만, 예수 그리스도의 이름으로 나면서부터 앉은뱅이 된 자를 일어나 걷게 만드는 아주 놀라운 고차원의 투자를 하였다.

물적 자본은 다시 자기 자본과 타인 자본으로 나눌 수 있다. 자기 자본은 자신이 일해서 마련한 자본이다. 타인 자본은 다른 사람으로부터 빌린 자본을 말한다. 세상 사람들은 남의 돈을 이용해서도 부자가 될 수 있다고 생각하는 경향이 있다. 그러나 성경의 입장은 이런 관점과 다르다. 솔로몬은 이렇게 말한다. "부자는 가난한 자를 주관하고 빚진 자는 채주의 종이 되느니라" 잠언 22:7. 남의 돈을 빌려 투자해서 수익을 얻을 수도 있겠지만 장기적으로 보면 높은 차입 이자를 지급하고도 계속 수익을 남길 수 있는 확률은 희박하다. 우리는 1997년 전후에 IMF 외환위기를 통해서 빚을 통해 성장한 기업들이 도산한 경우를 무수히 보지 않았는가! 그래서 소위 일류를 지향하는 기업들은 무차입 경영을 선포하고 이를 시행하고 있다.

[가치 투자의 성경적 기초]

증권투자를 통해서 2008년 포브스 선정 세계 갑부 1위가 된 워런 버핏은 자신이 추구하는 투자 철학을 '가치 투자' 라고 말하고 있다. 그런데 마태복음 13장 44절을 가만히 묵상해보면 이 비유 속에 바로 '가치 투자' 의 개념을 찾을 수 있다. 왜 이 비유에 나오는 사람이 자신이 가지고 있는 모든 소유를 처분해서 그 밭을 샀겠는가? 그것은 이 사람이 그 밭에 감추어져 있는 보화의 가치가 엄청나게 큰 것을 알았기 때문이다. 이 비유는 천국은 돈으로 소유할 수 있는 것은 아니지만 그 가치가 매우 크다는 것을 가르쳐주고 있다. 아마 버핏이 '가치 투자의 원리' 를 이 비유에서 찾았는지도 모른다.

[투자에 대한 성경적 관점]

우리는 모두 청지기이다. 청지기는 소유자가 아니라 관리인에 불과하다. 그런데도 우리는 마치 모든 것을 영원히 소유할 수 있는 것처럼 착각하고 살 때가 많다. 사실 우리가 가지고 있는 모든 것은 하나도 우리의 것이 아니다. 왜냐하면 우리는 이 세상에 올 때 무엇을 가지고 이 세상에 온 것이 아니기 때문이다. 또한 우리가 이 세상을 떠날 때 우리가 가지고 있는 것을 아무 것도 가지고 갈 수 없다. 시편 기자는 이렇게 노래하고 있다. "땅과 거기에 충만한 것과 세계와 그 가운데에 사는 자들은 다 여호와의 것이로다" 시편 24:1. 또 예수 그리스도도 재물은 '남의 것' 으로 말하고 있다.[6]

[낭비의 태도]

우리는 하나님의 청지기로서, 가지고 있는 자원에 대해 어떤 태도를 가질 수 있는가? 성경에서 세 가지 자세를 찾을 수 있다. 첫째 자세는 낭비 또는 허비다. 먼저 잠언을 보면, "지혜를 사모하는 자는 아비를 즐겁게 하여도 창기와 사귀는 자는 재물을 잃느니라" 잠언 29:3. 이 잠언을 NIV에는 이렇게 기록하고 있다. A man who loves wisdom brings joy to his father, but a companion of prostitutes *squanders* his wealth.

두 번째 사례는 누가복음 15장에 소개되고 있는 '탕자의 비유' 이다. 둘째 아들이 아버지로부터 유산을 미리 상속을 받아 먼 나라에 가서 그 재산을 낭비하고 말았다. "그 후 며칠이 안 되어 둘째 아들이 재물을 다 모아 가지고 먼 나라에 가 거기서 허랑방탕하여 그 재산을 낭비하더니" 누가복음 15:13.

자원을 낭비한 세 번째 사례는 누가복음 16장 '불의한 청지기의 비유' 이다. 누가복음 16장 1절은 이렇게 시작하고 있다. "또한 제자들에게 이르시되 어떤 부자에게 청지기가 있는데 그가 주인의 소유를 낭비한다는 말이 그 주인에게 들린지라." 결국 이 청지기는 주인의 소유를 낭비하였기 때문에 청지기 직을 잃고 말았다.

[사장死藏의 태도]

청지기의 두 번째 자세는 자원을 활용하지 않고 사장하는 것이다. 잠언을 보면, "곡식을 내놓지 아니하는 자는 백성에게 저주를 받을 것이나 파는 자는 그의 머리에 복이 임하리라" 잠언 11:26. 이 구절을 NIV로 읽어 보자. People curse the man who *hoards* grain, but blessing crowns him who is willing to sell. '곡식을 내놓지 아니하는 것' 을 영어로는 '사장하다' hoard로 표현하고 있다. 이 잠언은 상인의 수요와 공급에 대한 반응을 고객이 어떻게 평가하는가를 나타내주고 있다. 어떤 상인은 농산물의 수요가 클 때 가격을 높이기 위해 농산물을 팔지 않고 사재기를 하는 경우가 있다. 상인은 사회적 책임도 가져야 하는 것이다.[7]

자원을 사장시킨 두 번째 경우는 누가복음 19장에 나오는 '열 므나의 비유' 이다. "또 한 사람이 와서 이르되 주인이여 보소서 당신의 한 므나가 여기 있나이다 내가 수건으로 싸 두었었나이다" 누가복음 19:20. 이렇게 말한 종은 주인이 "내가 돌아올 때까지 장사하라" 누가복음 19:13는 명령을 오해했거나 투자 자본을 잃어버릴까 두려워하여 받은 돈을 사장시키고 말았다.

자원을 사장한 또 다른 예는 '달란트 비유' 이다. "한 달란트 받은 자는 가서 땅을 파고 그 주인의 돈을 감추어 두었더니" 마태복음 25:18. 여기서도 한 달란트 받은 자는 '열 므나의 비유' 에서 므나를 수건에 싸둔 것처럼 주인에게서 받은 한 달란트를 땅에 감추어둔 결과 수익을 남길 기회를 잃어버렸다.

[투자의 태도]

하나님께서 우리에게 맡긴 자원에 대한 청지기의 세 번째 자세는 누가복음의 '열 므나 비유' 와 마태복음의 '달란트 비유' 에 나타나 있다. 열 므나 비유에서 다섯 므나와 열 므나를 남긴 종들은 바로 가서 적극적으로 장사하여 수익을 남겼다. 또 달란트 비유에 나오는 두 달란트를 받은 자와 다섯 달란트를 받은 종도 받은 달란트를 밑천으로 사용하여 바로 가서 장사하여 각각 두 달란트와 다섯 달란트를 더 남겼다. 이것이 바로 투자에 대한 바른 청지기의 자세이다.

우리는 청지기로서 하나님께서 맡긴 자원을 낭비하거나 사장시키지 말고 어느 정도의 위험을 감수하면서 적극적인 자세로 투자를 해야 한다.[8]

[하나님의 투자 계획과 사람의 투자 계획]

우리는 투자를 하기 위해서는 먼저 투자 계획을 세워야 한다. 그런데 어떤 사람들은 계획을 하기보다는 서둘러 투자하다가 실패를 경험하곤 한다. 솔로몬은 "부지런한 자의 경영은 풍부함에 이를 것이나 조급한 자는 궁핍함에 이를 따름이니라" 잠언 21:5고 말하고 있다. 이 말씀을 NIV로 보면 이렇게 되어 있다. The plans of the diligent lead to profit as surely as haste leads to poverty. 이것을 보면 '계획'을 '경영'으로 번역한 것을 알 수 있다. 부지런한 자는 계획을 세워 일을 진행하기 때문에 풍부함에 이르게 된다. 그러나 조급한 자는 계획을 세우지 않고 급하게 일을 추진하지만 결국 궁핍하게 된다.

솔로몬은 다른 곳에서는 이렇게 말하고 있다. "지식 없는 소원은 선하지 못하고 발이 급한 사람은 잘못 가느니라" 잠언 19:2. 이것을 NIV로 읽어보면 이렇게 되어 있다. It is not good to have zeal without knowledge, nor to be hasty and miss the way. 우리 성경은 '지식 없는 소원' 으로 되어 있으나 영어 성경은 '지식 없는 열정' 으로 되어 있다. 여기서 '지식' 은 여호와 하나님의 율법과 규례를 말하며, 하나님을 아는 지식은 없으면서 수익만을 추구하는 열정은 좋지 않다고 말하고 있다. 이 지식과 지혜는 여호와를 경외함으로써 생긴다. 그래서 욥기에는 이렇게 기록되어 있다. "또 사람에게 말씀하셨도다 보라 주를 경외함이 지혜요 악을 떠남이 명철이니라" 욥 28:28. 즉, 주 하나님을 경외하는 것이 지혜이다. 하나님의 말씀을 힘써 지키는 것이 하나님을 경외하는 것이다.

저자는 한 논문에서 하나님은 계획, 실행, 평가를 하시는 경영자이시기 때문에 사람도 계획, 실행, 평가의 과정을 거친다고 주장하고 있다.[9] 그런데 이 모형을 투자에 적용해보면 성숙한 그리스도인은 투자계획, 투자실행, 투자평가의 과정을 밟아야 한다. 그리고 투자 계획이 하나님의 계획에 부합한지를 말씀에 기초해서 살펴보아야 한다. 뿐만 아니라 기도를 통해서 하나님의 지식과 지혜를 확인해야 한다.

〈그림 2-1〉 이중적 경영모형 : 하나님의 경영과 사람의 경영

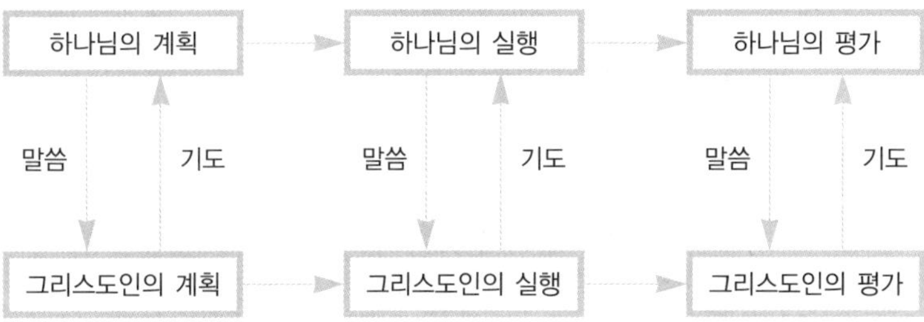

[최적 투자결정]

우리는 투자결정을 할 때 우리의 만족 또는 행복이 극대화되도록 투자결정을 하게 된다. 이렇게 내린 투자결정을 최적투자결정이라 한다. 그렇다면 최적투자결정은 어떻게 이루어지는가? 먼저 각 기간의 소득이 발생하면 현재의 소비와 미래의 소비 두 부분으로 나누게 된다. 미래의 소비를 위한 것이 곧 저축이요 투자이다. 소득 중에서 얼마를 저축하고 투자할 것인가는 개인에 따라 다를 수 있으나

창세기에 등장하는 요셉은 오분의 일, 20%를 제시하고 있다.

"바로께서는 또 이같이 행하사 나라 안에 감독관들을 두어 그 일곱 해 풍년에 애굽 땅의 오분의 일을 거두되" 창세기 41장 34절.

[투자관리 과정의 내용]

투자를 하나의 관리 과정으로 파악할 수 있기 때문에 투자는 투자계획, 투자실행, 그리고 투자평가의 과정으로 나눌 수 있다. 이제 각 단계별로 그 내용을 간단히 살펴보자. 먼저 투자계획은 투자목표를 설정하고 자본배분과 자산배분을 하는 것이다. 투자목표는 목표수익률과 수용가능한 위험의 크기를 결정하면 된다. 자본배분은 위험 자산과 안전 자산에 대한 투자비율을 결정하는 것이고, 자산배분은 위험 자산에 대한 투자를 다시 주식과 채권에 대한 투자로 나누어 결정하는 것이다. 여기서 위험 자산은 주식과 같이 가격의 변동성이 매우 큰 자산을 말하며 안전 자산은 국가에서 발행하는 국채와 같은 증권을 말한다.

투자실행 단계에서는 투자종목 선정과 투자 시점을 결정한다. 마지막 투자평가에서는 투자성과를 평가한 다음에 현재의 포트폴리오를 수정하게 된다. 물론 현재의 포트폴리오가 만족할 만한 성과를 내었다면 현재의 포트폴리오를 유지하면 된다.

〈그림 2-2〉 투자관리 과정

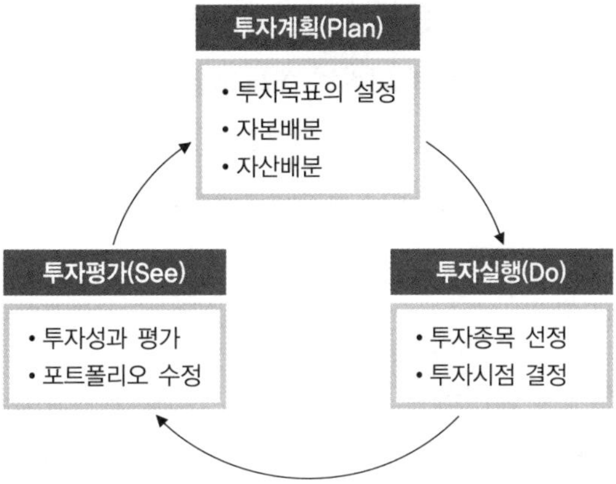

[삶의 재무단계]

우리의 삶은 재무적 측면에서 다섯 단계로 분류할 수 있다.[10] 첫 단계는 보호단계이다. 이 단계는 당신이 학교를 졸업하면서부터 시작된다. 이 시점에서는 젊음과 패기 외에는 가진 자산이 별로 없으나 이것만으로도 인생이 보장되는 것처럼 느껴진다. 그러나 결코 그렇지 않다. 당신이 긴급한 경우가 생길 것을 대비해 스스로를 지원할 수 있는 충분한 돈을 가져야만 한다.

이를 위해 우선 필요한 일은 한 달 또는 3개월 정도의 생활비를 저축통장이나 MMF에 예치해두어야 한다. 그런 다음에는 신용 카드를 하나 만들어서 좋은 신용을 쌓아두는 것이다. 신용 카드를 잘 관리할 줄 알면 나중에 사업을 시작할 때에 큰 힘이 될 수 있다. 신용 카드를 잘못 이용하면 위험할 수 있으나 이것을 잘 관리하게 되면 세상을 향해 큰 증거가 될 수 있다. 물론 장기간 아프거나 장애를 입어 일을 할 수 없을 경우를 대비해서 보험을 들기도 해야 한다.

당신이 재무적 비상에 대비해 어느 정도 보호가 되었다면 이제는 축적 단계를 시작해야 한다. 이 단계가 우리 삶에 있어서 가장 복잡하고 기간이 길다. 기본적으로 세 가지 중요한 목적을 위해 돈을 모은다. 주택을 마련하고 자녀 교육을 시키고 은퇴를 위해 재물을 모아야 한다.

세 번째 단계는 유동화 단계이다. 이 단계는 비교적 짧으며 보통 은퇴할 시점에 일어난다. 유동화는 당신이 투자한 것과 사업체를 생활에 필요한 돈을 정기적으로 지급해줄 수 있는 자산으로 변경시키는 것을 말한다. 예컨대, 부동산에 투자한 것이 있다면 그것을 팔아서 정기적으로 이자나 배당을 지급해주는 CD나 채권 또는 전력 주식에 투자하는 것이다.

네 번째는 보존 단계이다. 이것은 시기적으로 은퇴해서 죽을 때까지 계속된다. 이 단계의 목적은 가진 재산의 구매력을 유지하는 것이다. 구매력의 상실은 투자위험, 인플레 위험, 세금 위험, 그리고 이자율 위험으로부터 발생한다.

마지막 단계는 분배이다. 우리가 보호하고 축적하고 유동화를 하고 보존을 한 돈을 죽을 때 유산으로 남기거나 죽기 전에 증여형태로 분배해야 한다.

chapter 02
정리를 위한 토론문제

1. 저자가 '창조적 투자론' 에서 말하는 진리 자산, 인적 자산, 그리고 물적자산은 무엇을 의미하는지 말해 보고, 각 자산의 가치에 대해 성경적 관점에서 평가해 봅시다.

2. 실물 자산과 금융 자산의 차이를 설명해 봅시다. 그리고 실물 자산과 금융 자산을 성경에서 그 예를 찾아봅시다.

3. 어떤 사람이 '나는 모아둔 돈이 없기 때문에 투자할 수 없다' 고 말한다면 당신은 이 사람에게 어떻게 권면하시겠습니까?

4. 이 책은 청지기로서 맡은 자원에 대한 태도를 세 가지로 설명하고 있다. 각각에 대해서 예를 들어 설명하고, 어느 태도가 바람직한 관점인지 서로 토론해 봅시다.

5. 투자를 투자 계획, 투자 실행, 그리고 투자 평가의 세 과정으로 설명할 수 있다. 각 과정을 간단히 설명해 봅시다. 또 자산 배분과 자본 배분의 내용을 쉽게 설명해 봅시다.

6. 우리의 삶을 재무적 측면에서 다섯 단계로 분류할 수 있다. 각 단계를 간단히 설명하고 어느 단계가 가장 중요한지 토론해 봅시다.

chapter 03

성경의 투자원리

"각각 그 재능대로 한 사람에게는 금 다섯 달란트를,
한 사람에게는 두 달란트를, 한 사람에게는 한 달란트를 주고 떠났더니" 마태복음 25:15

To one he gave five talents of money, to another two talents,
and to another one talent, each according to his ability. Then he went on his journey.

[투자의 관점에서 본 달란트 비유]

우리는 성경으로부터 투자에 관한 교훈을 배울 수 있다. 특히 마태복음 25장에 소개되는 달란트 비유는 투자에 대한 중요한 원리를 알려준다. 이 달란트 비유는 마태복음 25장에 나오는 세 가지 천국의 비유 가운데 하나이다. 이 비유는 이렇게 시작하고 있다. "또 어떤 사람이 타국에 갈 때 그 종들을 불러 자기 소유를 맡김과 같으니 각각 그 재능대로 한 사람에게는 금 다섯 달란트를, 한 사람에게는 두 달란트를, 한 사람에게는 한 달란트를 주고 떠났더니" 마태복음 25:14-15. 이 비유에는 '천국' 이라는 주어가 생략되어 있다. 이것을 제대로 이해하기 위해서는 주어를 넣어서 읽어야 한다. "천국은 또 어떤 사람이 타국에 갈 때 그 종들을 불러 자기 소유를 맡김과 같으니."

여기서 '어떤 사람'은 예수 그리스도이다. 그리스도가 부활한 후에 자신의 모든 소유를 우리에게 맡겼다. 물론 그분은 일정 기간 후에 우리를 위해 이 땅에 다시 오실 것이다. 이 비유를 제대로 이해하고 적용하기 위해서는 우선 주인이 우리에게 무엇을 맡겼는지를 알아야 한다. 본문 속에 나오는 달란트는 당시의 유대의 화폐 단위였다. 한 달란트는 6,000 데나리온에 해당하며, 한 데나리온은 당시 노동자의 하루 품삯이었다. 따라서 한 달란트는 노동자가 20년간 벌어서 하나도 쓰지 않고 저축해야 모을 수 있는 상당히 큰 돈이다.[11] 그리고 달란트를 꼭 물적 자본에 국한시킬 필요는 없다. 돈을 비롯하여 영적 은사와 재능, 율법과 복음, 자연 자원, 시간 등 폭넓게 적용할 수 있다.[12]

이 비유의 배경을 어느 정도 알았으니 이제 이 비유를 통하여 배울 수 있는 투자 자세와 투자 원리를 정리해 보자. 먼저 우리가 가지고 있는 모든 것은 주인의 소유라는 사실이다. 그리고 우리는 주인의 소유를 관리하는 청지기에 불과하다. 청지기에게는 소유권은 없지만 일정 기간 동안 사용하고 관리할 권한은 있다. 시편의 기자는 "땅과 거기에 충만한 것과 세계와 그 가운데에 사는 자들은 다 여호와의 것이로다" 시편 24:1 고백하고 있다.

둘째, 우리가 가지고 있는 투자금액의 크기는 주인이 우리의 능력에 맞게 맡기신 것이기 때문에 중요하지 않다. 이것을 기억한다면 우리 재산이 얼마가 되는지 지나치게 관심을 가지지 않아도 된다. 이것은 전적으로 주인의 권한에 속할 뿐이다. 주인이 나의 능력을 알아서 잘 맡긴 것으로 알고 감사해야 한다.

셋째, 주인은 우리가 주인의 뜻을 깨닫고 투자성과를 내도록 요구하신다. 그리고 투자성과에 따라 보상과 벌을 주신다. 다섯 달란트 받은 종이나 두 달란트 받은 종은 각각 다섯 달란트와 두 달란트를 더 남겼다. 이 두 종에 대해서는 주인이 이와 같이 칭찬을 하였다. "잘하였도다 착하고 충성된 종아 네가 적은 일에 충성하였으매 내가 많은 것을 네게 맡기리니 네 주인의 즐거움에 참여할지어다" 마태복음 25:21. 또 하나 주목할 수 있는 것은 두 달란트를 맡긴 종에게도 동일한 칭찬을 하였다는 사실이다.

그러나 한 달란트를 받은 종은 그것을 사장시켜 전혀 수익을 내지 않았기 때문에 책망을 받고 투자원금을 도로 빼앗겼다. 이 종이 왜 받은 자본을 활용하지 않고 땅을 파고 감추어 두었을까? 그것은 주인을 주인으로 인정하지 않았기 때문이라고 보인다. 결국 이 종은 '무익한 종' 이라는 낙인을 받고 바깥 어두운 데로 내쫓기게 되었다.

넷째, 우리가 투자할 수 있는 투자 기간이 한정되어 있다. 그 기간은 달란트 비유 속에는 주인이 먼 나라에서 돌아올 때까지로 되어 있지만 실제로는 우리의 인생이 그 전에 끝날 수도 있다. 그래서 시편 기자는 인생의 빠른 세월을 이렇게 노래하고 있다. "우리의 모든 날이 주의 분노 중에 지나가며 우리의 평생이 순식간에 다하였나이다 우리의 연수가 칠십이요 강건하면 팔십이라도 그 연수의 자랑은 수고와 슬픔뿐이요 신속히 가니 우리가 날아가나이다" 시편 90:9-10. 따라서 우리는 바울의 권면과 같이 지혜로운 시간 투자를 하여야 할 것이다. "그런즉 너희가 어떻게 행할지를 자세히 주의하여 지혜 없는 자 같이 하지 말고 오직 지혜 있는 자 같이 하여 세월을 아끼라 때가 악하니라" 에베소서 5:15-16.

다섯째, 우리는 이 비유에서 직접 투자와 간접 투자 개념을 배울 수 있다. 다섯 달란트와 두 달란트 받은 종이 바로 가서 장사한 것은 일종의 직접 투자이다. 이 경우에는 투자 위험이 크다. 그러나 사업이 성공하게 되면 투자 수익도 크다. 한 달란트 받은 종이 주인의 뜻을 오해하여 또는 두려워하여 받은 달란트를 땅에 묻어두었을 때 책망을 받았다. 이때 주인은 달란트를 사장시키지 말고 은행에 예금을 하여 간접 투자라도 했더라면 원금과 함께 이자도 받게 되었을 것이라고 말씀하셨다. "그러면 네가 마땅히 내 돈을 취리하는 자들에게나 맡겼다가 내가 돌아와서 내 원금과 이자를 받게 하였을 것이니라 하고" 마태복음 25:27.

마지막으로, 이 비유에서 배울 수 있는 교훈은 돈이 비록 그 가치가 작은 것이라 할지라도 그것을 적극적으로 활용하고 투자해야 한다는 것이다. 그래서 예수 그리스도는 '불의한 청지기의 비유' 에서 이렇게 말하고 있다. "지극히 작은 것에 충성된 자는 큰 것에도 충성되고 지극히 작은 것에 불의한 자는 큰 것에도 불의하니라" 누가복음 16:10.

NIV에는 이렇게 표현하고 있다. Whoever can be trusted with very little can also be trusted with much, and whoever is dishonest with very little will also be dishonest with much.

[성경의 투자원리 12가지]

우리는 '달란트 비유' 외에 다른 곳에서도 성경적 투자 원리를 배울 수 있다. 여기서는 12가지의 원리를 도출하여 정리해 본다.

투자목적에 따라 투자하라.

우리는 투자를 하기 위해서는 투자 목표를 보다 구체적으로 설정할 필요가 있다. 투자 목적으로 결혼 준비, 자녀 교육, 주택 구입을 위한 투자, 사업자금 준비, 퇴직 후의 삶을 위한 투자 등이 있을 수 있다. 예컨대, 아들이나 딸의 결혼자금을 마련하기 위해 투자를 한다고 하자. 결혼 시기가 언제일지 모르는 경우 좀 더 안전한 금융자산에 투자해야 한다. 가끔 주변에 보면 딸의 혼수자금으로 주식투자를 했다가 마침 시장이 좋지 않아 혼수를 제 시기에 적절하게 마련하지 못해서 어머니와 딸의 관계가 아주 소원해지는 경우가 있다. 따라서 투자목적을 먼저 설정하고 그에 맞는 투자 상품을 선택하는 것이 지혜로운 일이다.

바울은 전도인의 삶을 사는 데도 이기기를 위해서 목적을 세우고 경기를 하듯이 해야 한다고 말하고 있다. "그러므로 나는 달음질하기를 향방 없는 것 같이 아니하고 싸우기를 허공을 치는 것 같이 아니하며" 고린도 전서 9:26.

수익과 위험을 동시에 따져보라.

모든 투자상품을 평가할 때 기대수익과 함께 위험도 따져보아야 한다. 마음이 조급한 사람들은 투자설명회에서 제시하는 약속된 투자수익에 현혹되기 쉽다. 투자대상별로 예상수익과 위험의 크기를 꼼꼼하게 따져보아야 한다. 잘 알려진 자본자산 가격결정 모형은 모든 자산의 기대수익률이 그 자산의 위험의 크기에 비례하여 증가한다고 말하고 있다. 따라서 일반적인 투자 상품에 대한 기대수익률과 위험의 크기를 추정하고 이해하고 있어야 한다. 예컨대, 2008년 1월에 국채의 기대수익률은 5% 정도이고 위험도 5% 정도 된다. 그런데 주식의 경우 기대수익률은 15%, 위험은 25% 정도 되는 것으로 추정해 볼 수 있다.[13] 이 두 금융자산의 기대수익률과 위험의 크기를 비교해 보면 주식은 기대수익률이 국채의 3배나 되지만 주식의 위험은 채권의 위험에 비해 5배 정도 된다. 물론 투자대상의 위험을 수용하지 않고는 높은 투자수익을 기대할 수 없다. 이것을 수익률과 위험의 상충관계라고 부른다.

수익을 얻기 위해서는 어느 정도의 위험을 감수해야 한다. 그러나 수익에 비해 위험의 크기가 적절한지를 따져봐야 한다. 잠언은 이렇게 말하고 있다. "소가 없으면 구유는 깨끗하려니와 소의 힘으로 얻는 것이 많으니라" 잠언 14:4.

분산 투자를 하라.

이 분산 투자의 원리는 우리가 투자할 금액을 한 자산에 모두 투자하는 대신에 여러 자산에 나누어 투자하는 것을 말한다. 증권가에서는 분산 투자의 원리를 이렇게 쉽게 말하고 있다. "계란을 한 바구니에 담지 말라."

분산 투자에 대한 원리는 수학적으로도 증명이 되었다. 이것을 이론으로 체계화한 것을 바로 포트폴리오 이론portfolio theory이라고 부른다. 총 투자 위험은 분산가능한 위험과 분산불가능한 위험으로 나눌 수 있는데 포트폴리오에 포함되는 투자종목 수를 계속 늘리면 이론적으로는 분산가능한 위험은 완전히 줄일 수 있다. 물론 이자율 위험과 같은 시장위험은 제거할 수 없다.

분산 투자의 원리를 솔로몬은 전도서에서 이렇게 말하고 있다. "너는 네 떡을 물 위에 던져라 여러 날 후에 도로 찾으리라 일곱에게나 여덟에게 나눠 줄지어다 무슨 재앙이 땅에 임할는지 네가 알지 못함이니라" 전도서 11:1-2. 이 말씀을 보면, 투자란 우리 삶에 필요한 떡을 위험한 물에 던지는 것과 같다. 그러나 이 위험을 수용하게 되면 일정 기간 뒤에는 수익을 거둘 수 있다. 그리고 무엇보다도 투자 자금을 일곱 군데나 여덟 군데 나누어 투자할 때 땅에 일어나는 재앙의 위험을 피할 수 있게 된다.

투기와 조급한 투자결정을 피하라.

투자와 투기는 어떻게 다른가? 이 개념을 구분할 때는 네 가지 기준에 따라 구분한다.[14] 투자 기간의 장단, 투자 대상의 위험 수준, 투자자의 투자 동기, 그리고 투자 대상의 우호성 여부에 따라 투자와 투기를 구분한다는 것이다. 예컨대, 투자기간이 짧은 것은 투기, 길면 투자라 부르는 경향이 있다. 그러나 이 구분으로 실제 적용하는 데는 한계가 있어 이들 기준은 불완전한 기준이다.

성경은 무엇이라고 말하는가? "충성된 자는 복이 많아도 속히 부하고자 하는 자는 형벌을 면하지 못하리라" 잠언 28:20. 근면과 정직을 추구하는 대신에 단순히 빨리 부자가 되는 일에만 마음을 빼앗긴 사람은 부자가 되기보다는 오히려 마음이 불안하고 형벌을 받게 된다. 우리가 충분한 정보를 수입하고 분석하는 일을 게을리 하다 보면 허황한 투자 프로젝트에 현혹이 되어 투자는 실패한다.

빌린 돈으로 투자할 때는 신중을 기하라.

빌린 돈으로 투자수익을 올릴 수 있을까? 한두 번은 가능할지도 모른다. 그러나 성경은 차입 자체를 부정적으로 보고 있다는 사실을 깊이 인식할 필요가 있다. 신명기 28장을 읽어보면 이스라엘 백성이 하나님 말씀에 순종해서 살면 여러 가지 복이 임할 것이지만 그 말씀에 불순종하면 갖가지 저주가 임할 것이라고 모세가 선언하고 있다.

12절은 이렇게 말한다. "여호와께서 너를 위하여 하늘의 아름다운 보고를 여시사 네 땅에 때를 따라 비를 내리시고 네 손으로 하는 모든 일에 복을 주시리니 네가 많은 민족에게 꾸어줄지라도 너는 꾸지 아니할 것이요."

그러나 44절은 12절의 정반대의 내용이다. "그는 네게 꾸어줄지라도 너는 그에게 꾸어주지 못하리니 그는 머리가 되고 너는 꼬리가 될 것이라."

왜 우리가 높은 이자를 주고 빌린 돈으로 투자하려고 하는가? 그것은 이자를 지불하더라도 투자로부터 더 높은 수익을 올릴 수 있다고 생각하기 때문일 것이다. 그러나 투자의 성과가 우리가 기대하는 대로 되지 않을 수도 있다는 것을 기억해야 한다. 특히 주식투자를 할 때는 여유 자금으로 해야 한다. 빌린 돈은 여유 자금이 결코 아니다.

개인적 보증을 피하라.

다른 사람이 돈을 빌릴 때 차입자와 함께 공동으로 채무보증을

섰다가 온 가정이 재정파탄을 겪는 경우를 주위에서 종종 본다. 보통 보증을 서는 것은 거절하지 못할 정도로 가까운 친척이나 친구인 경우가 많다. 그런데 돈을 빌리는 사람이 왜 돈을 빌리려 하는가를 생각해 봐야 한다. 그 사람의 신용이 괜찮은 것인지 또 차입자가 돈을 갚지 못할 경우 내가 대신 기꺼이 갚아줄 의지가 있고 대신 갚아줄 형편이 되는지도 고려해야 한다.

성경은 빚보증을 서는 일에 대해 어떻게 말하고 있는가? "너는 사람과 더불어 손을 잡지 말며 남의 빚에 보증을 서지 말라 만일 갚을 것이 네게 없으면 네 누운 침상도 빼앗길 것이라 네가 어찌 그리 하겠느냐" 잠언 22:26-27.

성경에서는 보증을 서는 일은 어리석은 행동이라고 말한다. 그리고 갚을 수단이 부족하면 채권자가 채무자의 마지막 소유인 침상까지도 빼앗아 갈 수 있는 위험이 있다고 경고하고 있다. 여기서 침상은 침대보나 치장을 의미할 수 있다.[15] 그러나 보증을 서지 않으면 재산상의 손실도 입지 않을 뿐만 아니라 평안한 삶을 살 수 있다고 말하고 있다. "타인을 위하여 보증이 되는 자는 손해를 당하여도 보증이 되기를 싫어하는 자는 평안하니라" 잠언 11:15. 솔로몬은 잠언에서 보증행위의 어리석음을 여섯 번이나 거듭 경고하고 있다.

사회책임투자를 하라.

사회책임투자란 사회적 책임을 적극적으로 수행하는 기업이나 조직에 투자하는 것을 말한다. 전통적으로는 '윤리적 투자' 로 부르기도 했지만 사회책임투자가 보다 포괄적 개념이다.

투자는 곧 그 사람의 인격을 반영한다. 우리가 하나님을 믿는 의인이라면 당연히 윤리적인 삶을 살 뿐만 아니라 자신이 하는 투자에도 성경적 가치가 반영되도록 힘쓸 것이다. 이 운동이 바로 사회책임투자이다.

그런데 우리는 이렇게 생각할 수도 있다. 과연 윤리적 기업이나 사회적 책임을 적극적으로 수행하는 기업에 투자를 하게 되면 시장의 평균수익률보다 더 높은 성과를 낼 수 있을까? 많은 연구결과는 그렇다고 증명하고 있다. 한 연구에 의하면 평균수준 이상의 윤리수준을 행하는 30개 회사의 수익률은 시장의 평균수익률보다 더 높았다. 이 연구에 의하면 과거 30년간 다우 존스 산업지수는 다섯 배 상승하였으나 윤리수준이 높은 30개 회사의 주식은 23배의 주가상승을 기록하였다.[16]

성경은 우리에게 이렇게 말한다. "악인의 집에는 여호와의 저주가 있거니와 의인의 집에는 복이 있느니라" 잠언 3:33. 여호와 하나님의 저주를 받고도 견딜 개인이나 기업이 어디 있겠는가! 하나님은 정직한 분으로서 정직한 개인이나 기업에게 복을 내리신다. 사회책임투자를 실행하는 투자자는 부정직한 기업에는 결코 투자하지 않는다. 또한 그는 고객에게 저울을 속여서 이익을 추구하는 기업에 투자하지 않을 것이다. 그런 기업은 일시적으로 사업이 잘될지 몰라도 어느 순간에 무너져버릴 것이다. 솔로몬은 이렇게 말한다. "속이는 저울은 여호와께서 미워하시나 공평한 추는 그가 기뻐하시느니라" 잠언 11:1.

걱정을 초래하는 투자를 피하라.

하나님은 우리가 근심하면서 살기를 원하지 않으신다. 그래서 우리는 걱정을 초래할 수 있는 투자를 해서는 안 된다. 저자는 한 때 제법 많은 돈을 사업하는 친구에게 빌려준 적이 있다. 그런데 IMF 외환위기가 오는 바람에 빌려준 돈을 제 때에 받을 수 없어서 몇 날을 염려하며 지낸 적이 있다. 그런데 주님은 우리에게 이렇게 말씀하신다. "그러므로 염려하여 이르기를 무엇을 먹을까 무엇을 마실까 무엇을 입을까 하지 말라" 마태복음 6:31. 물론 투자가 잘못 된 것을 알았다면 낙심만 하고 있을 것이 아니라 기도하면서 바른 조치를 해야할 것이다. 어떤 경우에는 근심이 되는 투자 대상을 팔아버려 평안을 찾을 수 있을 것이다. 그러나 어떤 경우에는 모든 일을 주님께 맡기며 인내해야 되는 경우도 있다.

우리도 시편의 기자처럼 겸손한 자세로 너무 위대한 투자를 힘쓰지 말고 감당할 수 있는 투자를 하면서 평안을 유지해야 할 것이다. "여호와여 내 마음이 교만하지 아니하고 내 눈이 오만하지 아니하오며 내가 큰일과 감당하지 못할 놀라운 일을 하려고 힘쓰지 아니하나이다" 시편 131:1.

두려움과 탐심은 바른 투자 동기가 아니다.

월가Wall Street에서 옛날부터 전해오는 말에 의하면 사람들은 두려움과 탐심 때문에 투자를 한다고 한다.[17] 그러나 그리스도인들에게는 두려움이나 탐심이 투자의 동기가 될 수 없다. 하나님은 우리에게 날마다 이렇게 말씀하신다. "두려워하지 말라 내가 너와 함께 함이라 놀라지 말라 나는 네 하나님이 됨이라 내가 너를 굳세게 하리라 참으로 너를 도와주리라 참으로 나의 의로운 오른손으로 너를 붙들리라" 이사야 41:10.

또한 탐심을 가지고 투자를 해서도 안 된다. 주님이 이렇게 말씀하시기 때문이다. "그들에게 이르시되 삼가 모든 탐심을 물리치라 사람의 생명이 그 소유의 넉넉한 데 있지 아니하니라 하시고" 누가복음 12:15.

가격이 오른 것은 적어도 당분간 하락한다.

주식의 가격은 매일 매일 시시각각으로 움직인다. 한동안 많이 오른 종목은 반드시 일정 기간 하락하게 된다. 존 템플턴 같은 성공적인 투자자는 건강한 기대를 가지고 미래에 대한 긍정적인 믿음과 경기하강을 잘 조화시키고 있다. 역사적으로 호경기와 불경기가 반복해 왔고 앞으로도 이러한 경기순환은 계속될 것이다. 그러나 역사적으로 볼 때 생산성은 더욱 높아질 것이다.

피터 린치도 주식시장의 단기예측에는 많은 시간을 보내지 않는다. 그는 한 TV 쇼에 출연하여 투자자들로부터 주식시장의 하강에 대해 어떻게 대응하느냐는 질문을 받았다. 그는 경기가 침체할 기간에는 주식을 팔아서 현금으로 보유하는 대신에, 낮은 가격으로 좋은 주식을 산다고 말했다. 다시 말하면 린치는 경기하락으로 인하여 심리적 공포에 사로잡히는 대신 그것을 매수기회로 활용하는 셈이다.

성경은 우리에게 사람은 장래를 예측할 수 없다고 단호하게 말하고 있다. "사람이 장래 일을 알지 못하나니 장래 일을 가르칠 자가 누구이랴" 전도서 8:7.

너무 좋아 보이는 투자광고에 현혹되지 말라.

투자내용이 너무 좋아 보이면 일단 그것은 사기 가능성이 높은 것으로 생각하고 현혹되지 말아야 한다. 게리 무어는 오늘날 성공적인 투자를 하는 데 최대의 장애물은 보통 수준의 투자를 너무 매력적인 투자로 포장하는 방법이 너무 많다는 점이라고 말하고 있다. 저자도 그의 의견에 전적으로 공감한다. 영리한 투자설명회에서는 항상 새로운 방법으로 투자자를 유혹하고 있다. 우리는 모조품일수록 너무 진짜 같이 만들 수 있는 사회에 살고 있다. 투자 상품도 마찬가지이다. 약속 투자수익률을 너무 높게 광고를 한다면 그것은 실현되지 않을 가능성이 높다.

무엇보다도 이 세상에는 도덕적으로 볼 때 의인과 악인이 공존하고 있다는 것을 우리는 기억하여야 한다. 의인은 정직하게 사업을 하려고 하지만 악인은 그 생각이 허망하기 때문에 늘 다른 사람을 속이려고 하고 속임을 당하기도 하는 것이다. 사도 바울은 이 세대를 잘 평가하고 있다. "악한 사람들과 속이는 자들은 더욱 악하여져서 속이기도 하고 속기도 하나니" 디모데 후서 3:13.

투자소득에 대해서도 십일조를 하라.

성숙한 그리스도인들은 소득의 십일조를 한다. 십일조는 투자에도 적용되는가? 물론 그렇다. 성경은 이렇게 말하고 있다. "네 재물과 네 소산물의 처음 익은 열매로 여호와를 공경하라 그리하면 네 창고가 가득히 차고 네 포도즙 틀에 새 포도즙이 넘치리라" 잠언 3:9-10. 투자소득에 대한 십일조를 하나님께 바치는 것은 투자소득도 하나님께서 주신 것이라는 것을 인정하는 것이다.

우리는 이렇게 생각할 수 있다. 근로소득에 대해서는 인정할 수 있는데 투자해서 번 돈도 하나님께 드려야 하는가? 잠언은 우리가 재물과 소산물의 처음 익은 열매로 하나님께 드릴 때 우리의 금고를 채워주실 것이라고 말씀하신다. 또한 성경은 우리에게 재물 얻을 능력을 하나님께서 주셨다고 말씀하신다. "그러나 네가 마음에 이르기를 내 능력과 내 손의 힘으로 내가 이 재물을 얻었다 말할 것이라 네 하나님 여호와를 기억하라 그가 네게 재물 얻을 능력을 주셨음이라 이같이 하심은 네 조상들에게 맹세하신 언약을 오늘과 같이 이루려 하심이니라" 신명기 8:17-18.

또한 하나님은 우리가 언제는 하나님을 경외하고 다른 때는 하나님을 무시하는 자에게는 지속적인 복을 받지 못할 것이라고 말하고 있다. "항상 경외하는 자는 복되거니와 마음을 완악하게 하는 자는 재앙에 빠지리라" 잠언 28:14. 또 다른 곳에서도 이같이 말하고 있다. "네 마음으로 죄인의 형통을 부러워하지 말고 항상 여호와를 경외하라" 잠언 23:17.

chapter 03
정리를 위한 토론문제

1. 달란트 비유를 통해서 우리가 배울 수 있는 투자에 관한 교훈을 서로 말해 봅시다.

2. 달란트를 어떻게 해석하는 것이 좋을까요? 다양하게 해석해 봅시다. 또 한 달란트는 오늘날 화폐 가치로 따지면 어느 정도의 돈인지 추정해 봅시다.

3. 다섯 달란트, 두 달란트, 한 달란트를 받은 종의 투자수익률을 각각 계산해 봅시다. 단, 기간투자수익률 = (기말 가치 − 기초 가치)/(기초 가치) × 100 %

4. 분산 투자의 원리는 무엇인지 쉽게 설명해 봅시다. 또 분산투자의 원리에 대한 근거를 성경에서 찾아보고 그 의미를 새겨봅시다. 마태복음에는 천국을 비유로 설명하고 있습니다. "천국은 마치 밭에 감춰진 보화와 같으니 사람이 이를 발견한 후 숨겨 두고 기뻐하며 돌아가서 자기의 소유를 다 팔아 그 밭을 사느니라" 마태복음 13:44. 이 비유에서 투자원리를 찾아봅시다. 또 어떤 경우에 집중투자를 해야 하고 어떤 경우에 분산투자를 해야 하는지 서로 의견을 나누어 봅시다.

5. 여러분의 친구가 은행으로부터 돈을 빌려서 주식투자를 하려고 한다면 당신은 그 사람에게 어떻게 상담을 해주겠습니까? 일반적 상식과 성경 말씀을 사용해서 상담해 줍시다.

6. 한 친구가 투자소득에 대해서 십일조를 해야 할지 고민을 하고 있다면 당신은 어떻게 상담해 주시겠습니까?

chapter
04

위험이 낮은 금융상품의 투자

"지혜 있는 자의 집에는 귀한 보배와 기름이 있으나
미련한 자는 이것을 다 삼켜 버리느니라"잠언 21:20

In the house of the wise are stores of choice food and oil,
but a foolish man devours all he has.

[저축과 투자]

저축과 투자는 다른가? 저축과 투자를 구분해서 사용할 때도 있다. 저축은 자신의 소득 중에서 미래의 소비를 위하여 현재의 소비를 희생하여 위험이 없는 자산 형태로 보존하는 행위를 말한다. 그러나 투자는 미래의 소비를 위하여 현재의 소비를 희생하여 위험한 자산의 형태로 보존하는 행위를 말한다. 그러나 투자론에서는 이 두 개념을 구분하지 않고 투자로 통일하여 사용하고 있다. 이 책에서는 저축과 투자를 상호 교환하여 사용할 수 있는 개념으로 사용하려고 한다.

우리는 왜 저축을 하는가? 단순히 생각하면 우리가 일하는 대가로 소득을 얻는다. 이 소득 가운데 일부는 현재에 소비하고 일부는 미래의 소비를 위해 저축한다. 왜 미래의 소비를 위해 저축해야 하는가? 그것은 소득이 적거나 소득이 없는 미래의 소비를 대비하기 위해서다.

[바로 왕의 꿈과 해석]

그런데 저축해야 하는 이유와 방법에 대하여 성경에서 배울 수 있는가? 그렇다. 창세기에 나오는 요셉의 이야기에서 저축에 대한 지식과 지혜를 배울 수 있다. 창세기 41장에 이집트의 바로 왕이 꾼 꿈의 내용이 소개되고 있다. 그 내용을 한번 읽어 보자.

"만 이 년 후에 바로가 꿈을 꾼즉 자기가 나일 강 가에 서 있는데

보니 아름답고 살진 일곱 암소가 강가에서 올라와 갈밭에서 뜯어먹고

그 뒤에 또 흉하고 파리한 다른 일곱 암소가 나일 강 가에서 올라와 그 소와 함께 나일 강 가에 서 있더니

그 흉하고 파리한 소가 그 아름답고 살진 일곱 소를 먹은지라 바로가 곧 깨었다가

다시 잠이 들어 꿈을 꾸니 한 줄기에 무성하고 충실한 일곱 이삭이 나오고

그 후에 또 가늘고 동풍에 마른 일곱 이삭이 나오더니

그 가는 일곱 이삭이 무성하고 충실한 일곱 이삭을 삼킨지라 바로가 깬즉 꿈이라" 창세기 41:1-7.

그런데 바로가 두 번 꿈을 꾸고 그 꿈을 이집트의 점술가에게 왕이 말해주었으나, 그것을 풀이해 주는 자가 없었다. 결국 술을 맡은 관원장이 왕에게 요셉을 소개하게 되고 요셉이 그 꿈을 해석해 준다. 요셉이 왕에게 꿈을 해석해 준 내용을 한번 읽어 보자.

"요셉이 바로에게 아뢰되 바로의 꿈은 하나라 하나님이 그가 하실 일을 바로에게 보이심이니이다

일곱 좋은 암소는 일곱 해요 일곱 좋은 이삭도 일곱 해니 그 꿈은 하나라

그 후에 올라온 파리하고 흉한 일곱 소는 칠 년이요 동풍에 말라 속이 빈 일곱 이삭도 일곱 해 흉년이니

내가 바로에게 이르기를 하나님이 그가 하실 일을 바로에게 보이신다 함이 이것이라

온 애굽 땅에 일곱 해 큰 풍년이 있겠고

후에 일곱 해 흉년이 들므로 애굽 땅에 있던 풍년을 다 잊어버리게 되고 이 땅이 그 기근으로 망하리니

후에 든 그 흉년이 너무 심하므로 이전 풍년을 이 땅에서 기억하지 못하게 되리이다

바로께서 꿈을 두 번 겹쳐 꾸신 것은 하나님이 이 일을 정하셨음이라 하나님이 속히 행하시리니

이제 바로께서는 명철하고 지혜 있는 사람을 택하여 애굽 땅을

다스리게 하시고

바로께서는 또 이같이 행하사 나라 안에 감독관들을 두어 그 일곱 해 풍년에 애굽 땅의 오분의 일을 거두되

그들로 장차 올 풍년의 모든 곡물을 거두고 그 곡물을 바로의 손에 돌려 양식을 위하여 각 성읍에 쌓아 두게 하소서

이와 같이 그 곡물을 이 땅에 저장하여 애굽 땅에 임할 일곱 해 흉년에 대비하시면 땅이 이 흉년으로 말미암아 망하지 아니하리이다" 창세기 41:25-36.

[경기순환에 대한 예언과 경제적 대비책]

요셉의 꿈에 대한 해석을 통하여 하나님께서 이집트에 7년간 풍년이 있은 다음에 7년간 흉년이 있을 것을 알려주셨다. 동시에 하나님께서는 흉년에 대한 대비책을 바로에게 알려주신 것이다. 그 대비책이 무엇인가?

첫째는 명철하고 지혜 있는 사람을 택하여 애굽 땅을 다스리게 하라는 것이다. 둘째는 나라 안에 감독관을 두어 일곱 해 풍년에 애굽 땅의 1/5, 즉 20%를 거두어 각 성에 저장하도록 하는 것이다. 결국 이 일로 인해 요셉은 국무총리로 발탁되고 하나님의 처방대로 행하여 일곱 흉년에 백성들이 망하지 않도록 시행하였다.

이 이야기를 통하여 우리는 무엇을 배울 수 있는가?

우선 요셉은 하나님을 경외하는 자로서 탁월한 경제 정책을 수립하고 시행하여 이집트의 기근 문제를 해결하였을 뿐만 아니라 지

상의 다른 나라 백성들의 기근 문제도 해결해준 셈이니 그는 세계적인 경제 전문가였다.

또 농업 사회에서는 흉년과 풍년이 반복한다는 사실이다. 오늘날은 산업사회를 거쳐 지식정보사회라고 부른다. 이러한 사회에서는 경기 순환 현상이 더 짧아지고 불확실하다. 따라서 우리는 불경기에 대비해서 경기가 좋을 때 소득의 일부를 저축해야 한다. 소득의 어느 정도를 저축해야 하는가? 요셉은 20%를 제시하고 있다. 이것이 하나의 기준이 될 수 있다.

[솔로몬의 처방]

구약의 지혜로운 왕 솔로몬이 가르쳐주는 저축에 대한 처방을 들어보자. 먼저 잠언 6장의 다음 부분을 한번 읽어 보자.

"게으른 자여 개미에게 가서 그가 하는 것을 보고 지혜를 얻으라
개미는 두령도 없고 감독자도 없고 통치자도 없으되
먹을 것을 여름 동안에 예비하며 추수 때에 양식을 모으느니라
게으른 자여 네가 어느 때까지 누워 있겠느냐 네가 어느 때에 잠이 깨어 일어나겠느냐
좀 더 자자, 좀 더 졸자, 손을 모으고 좀 더 누워 있자 하면
네 빈궁이 강도 같이 오며 네 곤핍이 군사 같이 이르리라" 잠언 6:6-11.

솔로몬은 이전까지는 잠언의 독자를 '아들아' 하고 불렀다. 그

러나 여기서는 두 번이나[18] 반복하여 '게으른 자여' 로 그 호칭을 바꾸어 부르고 있다. 이것은 일종의 '충격 효과' 를 노리기 위한 것이다. 다른 사람도 아니고 자신의 젊은 아들이 게을러서 날마다 늦잠을 잔다면 아버지로서는 무척 괴로울 것이다. 왜냐하면 멀지 않은 장래에 아들에게 닥쳐올 가난의 위험이 예견되기 때문이다.

개미는 미물 중의 미물이다. 그러나 그 개미는 지도자가 없어도 여름 동안에 열심히 모으고 저축하는 일을 하고 있다. 따라서 게으름을 피우는 자는 지혜로운 개미에게 가서 그 부지런히 일하는 모습을 보고 배워야 한다. 그렇지 않고 '조금만 더' 하고 자게 되면 가난하게 되어 결국 남이 저축해 둔 것을 높은 이자를 주고 빌려서 소비해야 한다.

솔로몬은 잠언의 다른 곳에서도 저축의 지혜에 대해서 말하고 있다. "지혜 있는 자의 집에는 귀한 보배와 기름이 있으나 미련한 자는 이것을 다 삼켜 버리느니라" 잠언 21:20. 이 잠언은 지혜로운 자와 미련한 자를 대조시키고 있다. 지혜로운 자는 재물을 얻어서 그것을 저축하지만 미련한 자는 재물이 있는 대로 다 써버린다고 말한다.

요컨대, 창세기와 솔로몬의 잠언을 통해 저축과 투자를 하는 것이 지혜로운 경제 행위라는 것을 학습할 수 있었다. 이제 이 원리를 실제 삶에 적용하도록 하는 것은 우리 각자의 몫이다.

[투자 위험이 없는 금융상품]

일시적으로 여유가 있는 자금을 어떻게 활용하는 것이 좋은가?

이런 사람에게는 될수록 투자 위험을 최소화하면서 일정한 수익을 올릴 수 있는 방법을 찾아야 한다. 금융상품은 만기에 따라 단기 금융상품과 장기 금융상품으로 구분된다. 만기가 1년 미만인 금융자산이 바로 단기 금융상품이다. 그리고 만기가 1년 이상인 금융상품을 장기 금융상품이라고 한다.

아마 은행의 보통예금 통장에 수백만 원 또는 수천만 원의 잔고를 가지고 있어본 사람들은 이자수익이 거의 없는 것을 인식하였을 것이다. 그래서 최근에는 아예 급여 통장으로 CMAcash management account를 이용하는 회사도 많아졌다. 그것은 CMA에는 짧은 기간 맡기더라도 5% 내외의 이자를 주기 때문이다.[19]

[단기 금융상품의 장단점]

모든 금융상품은 장점과 단점이 있다. 단기 금융상품도 마찬가지다. 그러면 단기 금융상품의 장점에는 어떤 것이 있는가? 역사적으로 보면 주식이나 채권, 또는 부동산이 장기적으로는 더 우수한 투자성과를 보이고 있지만 상당한 금액을 단기 금융상품에 투자할 것을 추천하는 이유로는 세 가지가 있다.[20]

첫째, 단기 금융상품에 넣어 둔 돈은 우리가 원하는 시기에 긴급한 경우나 큰 구매를 하는 데 쉽게 쓸 수 있다. 이것을 돈에 대한 접근성이라 할 수 있다. 접근성 이외에도 안전성이 있다. 이러한 단기 금융상품은 주식, 채권, 그리고 부동산 시장의 경기변화에 영향을 받지 않는다. 젊은 가족은 단기 금융상품으로 3개월 정도의 생활비를 준비해야 하지만 은퇴자들은 진료비가 더 많이 들 것이기 때문에 단기 금융상품으로 더 많은 생활비를 준비해야 한다. 이런 사람에게는 6개월 내지 1년 정도의 생활비가 필요할 것이다.

또한 투자자들은 좋은 투자기회가 있을 때 이 돈으로 투자할 수 있다. 우리가 아무리 좋은 투자기회가 있을 때라도 준비해 둔 돈이 없으면 그 기회를 놓칠 수밖에 없다. 그러나 단기 금융상품에 운용하고 있는 돈이 있다면 이 돈을 찾아 투자할 수 있다.

둘째, 아무리 낙관자라 하더라도 어려운 시기가 때때로 발생한다는 것을 인정해야 한다. 아주 건전한 금융기관에 보장된 예금형태로 예치해둔 단기 예금은 이러한 어려운 시기에 언제든지 찾아 쓸 수 있어서 어려움을 면하게 해 준다.

셋째, 적절히 사용하면 이웃을 도울 수 있다. 예컨대, 가까운 친척이나 아는 사람이 일시적으로 자금이 부족하여 자녀의 학자금을 납부할 수 없다면 단기 금융상품에 넣어둔 돈을 찾아 빌려줄 수 있다.

물론 단기 금융상품의 단점도 있다. 첫째, 투자수익에 대해 세금을 물어야 한다. 예컨대, 단기금융상품의 이자수익이 5%이고 세율이 20%라면 세후 수익률은 4%에 지나지 않는다.

둘째, 수익이 해마다 다를 수 있다. 단기 금융상품에 대한 수익은 시장의 이자율의 변화에 따라 수시로 변하기 때문이다.

셋째, 금융기관이 파산위험에 직면할 수 있다. 영세한 금융기관은 IMF 경제위기와 같은 어려운 시기가 오면 파산에 직면할 수도 있기 때문에 단기 금융상품을 거래할 때에는 그 기관의 신용도를 고려해야 한다.

[단기 금융상품의 종류와 투자 특성]

그렇다면 우리가 이용할 수 있는 단기 금융상품의 종류에는 어떤 것이 있는지 알아보자. 또한 각 금융상품의 투자 특성도 알아볼 필요가 있다.

신종 기업어음commercial paper ; CP

CP란 우량기업이 단기자금을 조달하기 위해 발행되는 만기 1년 이내의 융통 어음이다. 이것은 상거래와 관련하여 발행되는 상업어음과 구별된다.

양도성 예금 증서certificate of deposit ; CD

CD는 양도가 가능한 정기예금 증서이다. CD는 은행의 정기 예금과 비슷한 성질이 많다. 그러나 다른 점은 정기예금은 유통이 금지되어 있으나 CD는 다른 사람과의 거래를 통해 유통을 할 수 있다는 것이다. 즉 양도성이 부여되어 있다.

환매조건부 채권repurchase agreement ; RP

RP는 일정기간 후에 일정한 가격으로 다시 매수하거나 매도할 것을 조건으로 발행되는 채권이다. RP거래는 그 거래대상이 장기금융자산인 채권이며 동 채권이 담보의 성격을 지닌다는 점에서 다른 단기 금융상품과는 차이가 있다.

통화안정증권monetary stabilization bond

통화안정증권은 시중의 유동성을 조절하기 위하여 중앙은행인 한국은행이 발행하는 통화조절용 증권이다. 흔히 통안증권으로 불리는 통화안정증권의 만기는 14일에서 2년까지 다양하나 대부분 1년물이다.

콜론call loan과 콜머니call money

콜 시장은 금융기관 사이의 일시적인 자금과부족을 조절하기 위하여 극히 초단기로 자금을 차입하고 대여하는 시장이다. 콜 시장은 콜 자금을 대출하는 콜 론call loan기관과 자금을 차입하는 콜 머니call money기관, 그리고 콜 거래를 중개하는 중개기관으로 구성되어 있다. 현재 콜 거래의 최장 만기는 30일 이내로 제한되어 있는데 1일물이 대부분을 차지하고 있다.

종합자산관리계좌cash management account : CMA

CMA는 고객의 돈을 MMF, 환매조건부채권RP 등 단기 금융상품에 투자하는 종합자산관리계좌이다. 짧은 기간을 맡겨도 보통예금보다는 비교할 수 없을 정도의 높은 이자를 받을 수 있기 때문에 급여 생활자라면 놓치지 말아야 할 통장이다. CMA 통장은 보통예금에 비하여 그 편리성이 결코 뒤지지 않는다. 증권거래와 펀드 투자가 가능하며 제휴은행의 연계계좌를 통해 수시 입출금이 가능하다.

화폐시장 펀드money market fund : MMF

MMF는 펀드의 일종이지만 수시로 입금과 출금이 가능한 단기 금융상품이다. MMF는 만기가 짧은 콜, 통안증권, CP, CD, 그리고 우량 회사채 등 주로 단기 금융자산에 집중 투자하고 그로부터 얻은 수익을 고객에게 돌려주는 환금성이 뛰어난 펀드이다.

[인플레이션과 세금 문제]

일시적 여유 자금을 운영하는 데는 보통예금보다는 MMF나 CMA로 운용하는 것이 좋다. 그런데 이와 같은 단기 금융상품에 대한 투자로는 인플레 위험과 세금 문제를 해결할 수 없다.

이 문제를 해결하는 방법을 알아보기 전에 먼저 핏셔의 등식을 이해하는 것이 좋겠다. 핏셔 등식은 기대 명목 이자율은 기대 실질 이자율과 기대 인플레율을 합한 것과 같다는 것이다. 이 등식에 의하면 기대 명목이자율이 기대 인플레율보다 높지 않을 경우에는 실질 이자수익이 마이너스가 될 수 있다. 따라서 이런 경우를 대비해 인플레 위험이 있을 경우에는 단기 금융자산에만 돈을 투자하지 말고 다른 자산에도 투자해야 한다.

[인플레와 세금 문제를 해결하는 방법]

그렇다면 우리는 인플레 위험과 세금 문제를 어떻게 해결할 수 있는가? 우선, 소득의 많은 부분을 저축해야 한다. 둘째, 역사적으로 인플레 헤지가 된 주식이나 부동산에 투자할 필요가 있다. 셋째, 세금 연기가 가능한 곳에 투자해야 한다. 예컨대, 연금이나 세금의 공제를 받을 수 있는 곳에 투자해야 한다. 마지막으로, 세금관리를 위해 소득을 할당해야 한다.

chapter 04
정리를 위한 토론문제

1. 저축을 해야 하는 이유를 말해 봅시다. 그리고 저축은 소득 가운데 얼마를 해야 합니까? 요셉은 저축에 대한 지침으로 소득의 몇 %를 제시하고 있습니까?

2. 솔로몬은 저축에 대해서 어떻게 가르치고 있습니까? 잠언 6:6-11과 21:20을 읽고 답해 봅시다.

3. 단기 금융상품의 장점과 단점을 각각 말해 봅시다.

4. CMA과 MMF를 각각 설명하고 비교하여 봅시다.

5. 투자금액의 어느 정도를 단기 금융상품에 투자하는 것이 좋다고 생각합니까? 또 단기 금융상품에 과다하게 투자하면 어떤 문제가 발생합니까? 그 문제를 해결할 수 있는 방법은 무엇입니까?

6. 저축을 하는 데 가장 방해가 되는 것은 무엇입니까? 여러분의 경험을 중심으로 말해 봅시다.

chapter 05

안정적 소득을 위한 채권투자

"부자는 가난한 자를 주관하고 빚진 자는 채주의 종이 되느니라" 잠언 22:7

The rich rule over the poor, and the borrower is servant to the lender.

[부자와 가난한 자의 정의]

오늘날 빈부에 대한 정의가 다양하다. 그러나 솔로몬은 잠언에서 부자와 빈자에 대한 정의를 아주 단순하게 내리고 있다. 먼저 잠언을 읽어 보자. "부자는 가난한 자를 주관하고 빚진 자는 채주의 종이 되느니라" 잠언 22:7.

이 잠언은 두 개의 병행 구절로 이루어져 있다. 상반절은 부자가 가난한 자를 다스리게 된다는 것이다. 하반절은 빚진 자는 채주의 종이 된다고 말한다. 그런데 이 두 부분을 결합하여 정리해 보면 채주(채권자)는 부자이고 빚진 자(채무자)는 가난한 자가 된다.

누가복음 16장에 나오는 '불의한 청지기의 비유'를 보면 부자와 청지기, 그리고 빚진 자가 각각 등장한다.[21] 본문의 내용을 가만히 묵상해 보면 부자는 채권자이고, 빚진 자는 채무자로서 가난한 자이다. 따라서 솔로몬의 빈부 구분과 예수 그리스도의 빈부 구분이 정확하게 일치한다는 것을 알 수 있다.

[채무자의 위기에서 탈출한 사례]

아마 우리 모두는 한두 번 돈을 빌리기도 하고 빌려주기도 한 경험이 있을 것이다. 빌려준 돈을 받지 못해 애를 태운 적도 있을 것이다. 또 적은 돈을 빌렸다가 기한 내에 갚지 못해 어려움을 겪은 적도 있을 것이다. 우리는 채권 투자에 대해 배우기 전에 먼저 빚을 져서 위기를 겪다가 그 위기를 성공적으로 탈출한 사례를 성경에서 찾아 읽고 교훈을 배울 필요가 있다. 열왕기하에 소개되고 있는 이야기를 읽어보자.

"선지자의 제자들의 아내 중의 한 여인이 엘리사에게 부르짖어 이르되 당신의 종 나의 남편이 이미 죽었는데 당신의 종이 여호와를 경외한 줄은 당신이 아시는 바니이다 이제 빚 준 사람이 와서 나의 두 아이를 데려가 그의 종을 삼고자 하나이다 하니

엘리사가 그에게 이르되 내가 너를 위하여 어떻게 하랴 네 집에

무엇이 있는지 내게 말하라 그가 이르되 계집종의 집에 기름 한 그릇 외에는 아무것도 없나이다 하니

이르되 너는 밖에 나가서 모든 이웃에게 그릇을 빌리라 빈 그릇을 빌리되 조금 빌리지 말고

너는 네 두 아들과 함께 들어가서 문을 닫고 그 모든 그릇에 기름을 부어서 차는 대로 옮겨 놓으라 하니라

여인이 물러가서 그의 두 아들과 함께 문을 닫은 후에 그들은 그릇을 그에게로 가져오고 그는 부었더니

그릇에 다 찬지라 여인이 아들에게 이르되 또 그릇을 내게로 가져오라 하니 아들이 이르되 다른 그릇이 없나이다 하니 기름이 곧 그쳤더라

그 여인이 하나님의 사람에게 나아가서 말하니 그가 이르되 너는 가서 기름을 팔아 빚을 갚고 남은 것으로 너와 네 두 아들이 생활하라 하였더라" 열왕기하 4:1-7.

이 이야기는 엘리사 선지자가 행한 많은 이적들 가운데 첫 번째 예이다.[22] 먼저 엘리사의 한 제자의 아내가 엘리사에게 도움을 구하기 위해 찾아왔다. 남편과 사별한 이 여인이 빚을 기한 내에 상환하지 못하자, 채권자가 이 여인의 두 자녀를 종으로 삼기 위해 오고 있는 매우 절박한 상황이었다. 그런데 얼핏 생각하면 이 과부가 겪고 있는 경제적 어려움과 정신적 어려움을 고려한다면 이 채권자가 자녀를 종으로 삼고자 하는 행위는 가혹한 처사로 비친다. 그러나 모세의 율법에 의하면 희년이 올 때까지 채무를 상환받기 위해 채무자와 그 자녀를 종으로 삼을 수 있었다.[23]

엘리사는 이 여인을 돕기 위해 '내가 너를 위하여 어떻게 하랴 네 집에 무엇이 있는지 내게 말하라' 고 말했다. 그러자 이 여인은 이렇게 답했다. '계집종의 집에 기름 한 그릇 외에는 아무것도 없나이다.' 이 여인은 지지리도 가난했다. 이 여인이 비록 가난했지만 귀한 기름을 가지고 있었다. 우리가 어려움에 처하게 되면 보통 없는 것만 눈에 보이게 되는데 이 여인은 자기가 가지고 있는 것을 생각할 수 있었다.

[엘리사의 처방과 여인의 순종]

엘리사는 이 여인에게 믿음이 있는 것을 보고 이런 처방을 내렸다.

'너는 밖에 나가서 모든 이웃에게 그릇을 빌리라 빈 그릇을 빌리되 조금 빌리지 말고 너는 네 두 아들과 함께 들어가서 문을 닫고 그 모든 그릇에 기름을 부어서 차는 대로 옮겨 놓으라.'

이 여인은 물러가서 이웃으로부터 빈 그릇을 많이 빌렸다. 비록 빈 그릇이라 할지라도 이웃에게서 빌릴 수 있었다는 것은 이 여인이 이웃과 좋은 관계를 유지하고 있었음을 알려준다. 그리고 이 여인은 그의 두 아들과 함께 문을 닫은 후에 자녀로 하여금 그릇을 그에게로 가져오게 하여 기름을 빈 그릇에 붓기 시작했다. 그런데 놀라운 일이 일어났다! 빈 그릇마다 기름이 가득 가득 채워졌다. 이 여인은 아들에게 '또 그릇을 내게로 가져오라' 하였지만 아들은 '다른 그릇이 없나이다' 말했다. 그제야 나오는 기름이 멈추게 되었다.

이 모자는 엘리사 선지자가 없는 방에서 하나님의 놀라운 능력을 스스로 체험하게 되었다. 이 여인은 하나님의 말씀에 순종하는 자에게 따르는 기쁨을 맛보았을 것이다.

이 여인은 하나님의 사람, 엘리사에게 나아가서 그 결과를 보고한다. 그러자 엘리사는 이 여인에게 이렇게 말한다.

'너는 가서 기름을 팔아 빚을 갚고 남은 것으로 너와 네 두 아들이 생활하라.'

이 여인은 마침내 기름을 팔아 모든 빚을 갚을 수 있었다. 그리고 남은 돈으로 가족이 평안하게 살 수 있었다.

[채권 투자에 앞서 알아야 할 성경의 가르침]

우리는 채권투자를 하기 전에 빚에 대한 성경의 가르침을 철저하게 이해할 필요가 있다. 자신이 빚을 진다면 이것은 정상적인 일이 아니라는 사실을 인식하는 것이 중요하다.

신명기 28장 12절과 44절을 읽어보면, 채무자가 된 것은 여호와 하나님의 말씀을 불순종한 결과라는 경고를 받고 있다고 이해해야 할 것이다. 그러나 채권자가 되었다는 것은 하나님의 말씀에 순종한 결과로 나타나는, 좋은 신호로 이해할 수 있다. 채무자는 보다 구체적으로 자신의 소비생활에 문제가 있을 수도 있고 일하는 태도에 문제가 있을 수도 있다.

빚을 지게 되면 재무적, 심리적 압박을 받게 된다. 앞에 소개한 예의 여인의 경우 자녀가 종으로 팔리게 되는 위기에 처했다. 이와 마찬가지로 빚을 지게 되면 채무자는 종과 같이 자유를 잃게 된다. 소득이 생기면 최우선적으로 이자를 지급해야 하고 기한이 되기 전에 원금을 상환해야 된다는 압박을 받게 된다. 잠언은 이 점을 분명히 말하고 있다. "부자는 가난한 자를 주관하고 빚진 자는 채주의 종이 되느니라" 잠언 22:7.

빌린 돈에 대해서는 이자를 물어야 한다. 이자는 거래하는 돈의 가격이라 할 수 있다. 성경은 이자를 붙이는 것을 어떻게 생각하는가? 여기에 대한 답을 신명기 23장 19절과 20절에서 찾을 수 있다.

"네가 형제에게 꾸어주거든 이자를 받지 말지니 곧 돈의 이자, 식물의 이자, 이자를 낼 만한 모든 것의 이자를 받지 말 것이라

타국인에게 네가 꾸어주면 이자를 받아도 되거니와 네 형제에게 꾸어주거든 이자를 받지 말라 그리하면 네 하나님 여호와께서 네가 들어가서 차지할 땅에서 네 손으로 하는 범사에 복을 내리시리라."

이스라엘 백성들이 가난한 동족에게 빌려줄 때는 이자를 받지 못하도록 하였다. 그러나 다른 나라 상인들이 사업 목적으로 이스라엘을 방문하여 이스라엘 백성이 외국인에게 돈을 빌려줄 때는 이자를 받을 수 있도록 허용하였다.[24]

우리는 사람이 돈 거래를 하는 것을 보면 그 사람과 인격을 알 수 있다. 시편 기자는 도덕적으로 악인은 돈을 빌리고 나서 갚지 않는 성향이 있지만 의인은 오히려 은혜를 베풀고 주는 삶을 산다고 노래하고 있다. "악인은 꾸고 갚지 아니하나 의인은 은혜를 베풀고 주는도다" 시편 37:21.

빚에 대해 또 하나 알아야 할 것은 이스라엘의 구약시대에는 채

무 기한을 7년으로 제한하였다. 왜냐하면 빚을 지고 있으면 심리적, 물질적으로 압박을 받기 때문이다. 그래서 매 7년 끝에는 빚을 탕감하도록 하였다. "매 칠 년 끝에는 면제하라" 신명기 15:1. 우리 성경에는 빚이라는 말이 생략되어 있다. 그러나 영어 성경에는 뜻이 보다 명확하다. At the end of every seven years you must cancel debts.

그렇다면 우리가 자동차나 집을 은행에서 빌린 돈으로 샀다면 우선 이런 빚을 먼저 갚고 나서 채권을 투자하는 것이 지혜로운 일이다. 왜냐하면 채권 투자로부터 받는 이자보다 은행 채무에 대한 이자가 더 높기 때문이다.

요약하면, 빚이 있는 사람은 빚의 원금 상환압박과 이자 부담을 고려하여 먼저 빚을 갚고 난 다음 채권에 투자하도록 하는 것이 지혜롭다.

[부자의 채권 투자]

누가복음 16장에는 '불의한 청지기의 비유' 가 나온다. 이 비유에는 어떤 부자, 청지기, 빚진 자가 등장한다. 본문 속에 등장하는 부자도 돈이 많다. 그래서 자기 재산을 전문적으로 관리해 주는 청지기가 필요했다. 이 청지기는 오늘날 재무 설계사financial planner와 같은 일을 한 것으로 이해할 수 있다. 이 부자 주인에게는 빚진 자가 많았다. 빚진 자는 돈을 차입하고 채무 증서를 가지고 있었다.[25] 이 증서에는 아마 '아무개가 주인에게 기름 백말을 빌렸다.' 라는 내용과 함께 상환기한 등 몇 가지 조건이 기록되었을 것이다. 이것이 빚진 자에게는 채무증서이지만 주인에게는 채권 증서로 일종의 금융자산인 셈이다. 다시 말하면 부자는 채권투자를 한다는 것이다.

[채권은 무엇인가?]

채권투자를 하려면 채권이 무엇인지 알아야 한다. 이를 설명하기 위해 먼저 금융시장에 대해 이해할 필요가 있다. 가계, 기업, 그리고 정부와 같은 경제주체는 자금이 필요한 것보다 많을 때도 있고 오히려 부족할 때도 있다. 이때 자금의 부족 주체가 증서를 발행하고 자금 잉여 주체로부터 필요한 자금을 조달하게 된다.

금융시장은 자금의 거래에 중개인 또는 중개기관의 존재여부에 따라 직접 금융시장과 간접 금융시장으로 구분한다. 직접 금융시장은 자금의 부족 주체가 자금의 잉여주체로부터 직접 필요한 자금을 조달할 경우를 말한다. 간접 금융시장은 은행과 같은 조직이 자금의 잉여주체로부터 자금을 모아서 자금의 수요자에게 돈을 빌려줄 때 존재하는 시장을 말한다.

자금의 수요자가 필요한 돈을 조달할 때 증서를 발행하게 되는데 이것을 채권이라 한다. 즉 채권은 기업, 정부, 공공기관이 투자자들로부터 자금을 차입하면서 원금과 이자의 지급조건을 명확하게 하기 위하여 발행하는 유가증권으로서 일종의 차용증서이다.

[채권은 주식과 어떻게 다른가?]

우리가 투자하는 대표적인 투자자산이 채권과 주식이다. 따라서 이 두 가지 기본적인 증권을 잘 이해하는 것은 매우 중요하다. 채권을 잘 이해하기 위해 주식과 비교해 보자.[26] 주식회사 형태의 기업이 유망한 투자기회가 있다면 투자에 필요한 돈을 다양한 방법으로 조달할 수 있다. 그 기업이 상장기업이라면 주식을 발행하거나 채권을 발행하게 될 것이다. 이때 자본의 성격으로 보면 주식은 이 기업의 자기자본이 되지만 채권은 타인자본이 된다. 또 증서의 소유자의 지위를 보면 주식의 소유자는 주주의 지위를 가지게 되나 채권의 소유자는 채권자의 지위를 갖게 된다.

두 증서의 소유자의 권리는 어떻게 다른가? 주주는 의결권과 경영참가권을 가지게 된다. 배당금을 받을 권리가 있다. 그리고 잔여재산분배권을 가진다. 이와는 달리 채권자는 의결권과 경영참가권이 없다. 배당 대신에 확정이자를 지급받게 된다. 그리고 주식에 우선하여 잔여재산분배권을 가진다.

두 증권의 존속기간은 어떻게 다른가? 주식은 만기가 없는 영구증권이다. 이에 반해 채권은 만기가 정해져 있고 만기에 원금을 상환하도록 되어 있다.

두 증권의 위험과 기대수익률은 어떻게 다른가? 주주는 그 기업의 영업성과가 좋을 때는 배당을 받을 수 있으나 그렇지 못할 경우에는 배당을 받지 못한다. 또한 주주는 투자한 주금을 회사로부터 직접 회수할 권리가 없다. 이것이 주식 투자자가 투자한 주금을 다른 투자자에게 팔아서 회수할 수 있도록 유가증권시장이나 코스닥

시장과 같은 유통시장이 존재하는 이유이기도 하다.

이에 비해 채권자는 기업의 영업성과와 관계없이 확정된 이자를 받을 수 있을 뿐만 아니라 원금도 만기에 상환을 받을 수 있다. 따라서 주식의 투자위험은 상대적으로 크지만 채권은 위험이 상대적으로 작다. 또한 주식의 기대수익률은 상대적으로 높으나 채권의 기대수익률은 상대적으로 낮다.

[채권의 종류와 채권 용어]

채권에는 다양한 종류가 존재한다. 그 종류를 발행 주체, 이자 지급방법, 보증유무, 이자율의 변동 여부에 따라 분류할 수 있다. 채권투자를 하려면 이와 관련된 용어를 익힐 필요가 있다.

먼저 발행주체에 따라 국채, 지방채, 특수채, 회사채로 구분할 수 있다. 국채는 국가가 발행한 채권이다. 국민주택 채권과 양곡기금 채권이 이에 속한다. 지방자치단체가 발행한 채권을 지방채라 한다. 도시철도 공채와 도로 공채가 여기에 속한다. 특수채는 특별한 법률에 의해서 설립된 기관이 발행한 채권으로서 도로공사 채권과 수자원공사 채권 등이 있다. 금융기관이 발행한 채권은 금융채라 한다. 이에는 통화안정증권, 산업금융 채권, 주택금융 채권 등이 있다. 회사채는 주식회사가 발행한 채권을 말한다. 보증사채, 담보부사채, 그리고 보통 CB로 불리는 전환사채가 있다. 투자실무계에서 사용하는 국공채는 국채와 지방채, 그리고 특수채를 말한다.

둘째, 채권은 이자지급방법에 따라 이표채coupon bond, 순수 할인

채pure discount bond, 그리고 복리채compounding bond로 나뉜다. 이표채란 일정기간마다 이자가 지급되는 채권을 말한다. 대부분의 회사채는 이표채에 해당한다. 순수 할인채는 할인발행되어 만기에 액면금액을 지급받는 채권이다. 통화안정증권, 산업금융채권, 재정증권 등은 할인채에 속한다. 복리채는 액면금액에 발행한 후 만기에 이자와 원금을 일시에 지급하는 채권을 말한다. 복리채에는 국민주택채권과 지역개발채권 등이 있다.

셋째, 채권은 보증유무에 따라 보증채와 무보증채로 나뉜다. 보증사채란 금융기관 등 보증기관이 원금과 이자의 지급을 보증하는 사채이다. 또 무보증사채란 발행자의 신용도에 의해서 보증없이 발행되는 채권을 말한다. 예컨대, 신용도가 아주 좋은 주식회사가 보증기관의 보증없이 회사채를 발행할 수 있다. 이것은 무보증 회사채가 된다.

넷째, 채권은 지급이자율의 변동여부에 따라 확정금리채권과 변동금리채권으로 나눌 수 있다. 확정금리채권straight bond은 만기 상환일까지 금리가 고정되어 있는 채권이다. 국공채와 대부분의 회사채는 확정금리채권이다. 변동금리채권이란 이자율이 기준금리에 연동되어 지급기간마다 재조정되는 채권이다. 일부 금융채와 일부 회사채가 변동금리채로 발행되고 있다.

마지막으로, 국내채와 국제채로 구분하기도 한다. 국내채는 보통 자국통화로 발행하여 국내에서 유통되는 채권이다. 이에 반하여 국제채는 외국에서 유통되거나 외화로 발행하는 채권이다.

국제채는 다시 외국채foreign bond와 유로채Euro bond로 구분한다. 외국채란 발행하는 통화가 소속된 나라에서 발행하는 채권을 말하며 유로채는 발행하는 통화가 소속된 나라 밖에서 발행하는 채권을 일컫는다.

국제채에는 양키 본드Yankee bond, 사무라이 본드Samurai bond, 아리랑 본드Arirang bond 등이 있다. 양키 본드란 미국 금융시장에서 발행되는 달러표시 채권을 가리킨다. 사무라이 본드는 일본시장에서 발행되는 엔화표시 국제채를 말한다. 그리고 아리랑 본드는 외국의 차입자가 한국시장에서 원화표시로 발행하는 국제채를 말한다.

채권의 투자에도 직접투자와 간접투자가 있다. 직접투자를 하기 위해서는 증권회사에 위탁구좌를 개설하여야 한다. 채권의 최저 투자금액은 제한이 없다. 우리가 채권에 투자할 때는 채권의 종류, 투자기간, 그리고 투자수익률을 참고하여 투자결정을 하면 된다.

채권투자전략에도 소극적 투자전략과 적극적 투자전략이 있다. 효율적 시장 가설을 받아들이는 사람은 소극적 투자전략을 선택할 것이고 채권시장이 비효율적이라고 믿는 사람은 투자수익을 극대화하기 위해 적극적 투자전략을 선택할 것이다.

[채권 가격은 어떻게 결정되는가?]

모든 자산의 가격은 수시로 변화한다. 채권도 예외가 아니다. 우리가 채권을 매매하기 위해서는 채권의 이론적 가치를 평가할 수 있어야 한다. 그렇다면 채권의 가격은 어떻게 결정되는가? 채권의 이론적 가치는 채권의 소유자에게 발생하는 현금흐름, 즉 이자와 원금의 현재가치의 합으로 정의된다. 채권의 가격결정요인에는 채권수익률, 만기까지의 기간, 액면금액 등이 있다. 여기서 채권의 원금과 이자, 그리고 만기는 채권발행시에 결정되기 때문에 채권가격은 주로 채권수익률에 의해서 움직인다.

채권 투자자가 반드시 알아야 할 사실은 채권가격과 채권수익률은 서로 반대방향으로 움직인다는 것이다. 즉, 채권수익률이 상승하면 채권가격은 하락한다. 보통 채권시장에서의 수익률은 만기수익률을 의미한다.[27] 채권수익률 개념이 이해가 잘 되지 않는다면 이것을 금리 또는 이자로 이해해도 괜찮다. 채권시장에서는 만기수익률로 매매되기 때문에 유통수익률이라고도 한다.

[채권 투자 어떻게 할까?]

일반 투자자에게 채권이 투자 대상으로 낯선 것은 왜 그럴까? 그것은 채권투자는 주식투자와는 달리 대규모의 자금이 필요하기 때문이다. 그렇다면 투자금액이 적은 소액투자자는 직접투자보다는 소액으로도 분산투자 효과를 얻을 수 있는 간접 투자가 유리하다. 채권에 간접 투자를 하려면 증권회사와 은행에서 판매하는 채권형 펀드에 가입하는 방법이 있다. 채권형 펀드는 고객의 자산을 국공채, 회사채 등의 채권에 투자하여 안정적인 수익을 추구하는 금융상품이다.

[좋은 채권 고르는 법]

일반적으로 채권투자는 안전한 것으로 알고 있지만 절대적으로 위험이 없는 것은 아니다. 단지 주식투자에 비해 상대적으로 안전할 뿐이다. 그러면 좋은 채권은 어떻게 골라야 하는가? 다른 투자와 마찬가지로 채권투자에 있어서도 발행자의 신용도가 매우 중요하다. 그렇기 때문에 채권투자자는 무엇보다도 먼저 발행자의 신용등급을 살펴야 한다.

신용등급은 원금과 이자를 적절한 시기에 갚을 수 있느냐 없느냐에 따라 투자적격등급과 투자부적격등급으로 나누어진다.[28] 일반 투자자는 신용등급이 낮은 회사채에 투자하면 예상수익은 크겠지만 채무불이행을 당할 가능성도 높기 때문에 가급적 수익이 낮더라도 투자적격 등급인 BBB 이상의 채권에 투자하는 것이 바람직하다. 이 밖에도 세금이 낮은 채권을 골라야 한다.

[개인이 발행한 채권에 투자할 때]

채권에 투자하는 것은 돈을 빌려주는 것이다. 그런데 채권투자라고 하면 국가나 회사가 발행한 채권에 투자하는 것을 연상하지만 우리가 수익이 높은 곳을 따라 가다 보면 부실한 기업이나 악한 개인이 발행한 채권에도 투자를 하게 된다. 이렇게 되면 이자는 말할 것도 없고 원금도 날리는 경우가 종종 발생한다.

저자도 한 번은 학교를 경영하는 사람에게 당좌수표 하나만 받고 제법 많은 돈을 빌려주었다가 학교 경영이 어렵게 되어 원금 전액을 받지 못하게 된 적이 있었다. 물론 시장이자율보다 더 높은 이자를 약속받고 돈을 빌려주었다. 좀 더 빨리 성경을 깊이 연구했다면 이런 일을 예방할 수 있지 않았겠는가! 이와 관련된 성경 말씀을 찾아 읽어 보자.

"중한 변리로 자기 재산을 늘리는 것은 가난한 사람을 불쌍히 여기는 자를 위해 그 재산을 저축하는 것이니라" 잠언 28:8.

He who increases his wealth by exorbitant interest amasses it for another, who will be kind to the poor.

가까운 친척이 필수품이 없어 돈을 빌릴 때 우리는 이자를 받지 않고도 빌려줄 수 있어야 한다. 비록 사업자금이 필요해서 돈을 빌려줄 때에도 과도한 이자를 받는 것은 문제가 있을 수 있다. 잠언 28장 8절에 대해 그린스톤Greenstone은 이렇게 말하고 있다.[29] 너무 높은 이자를 받아서 부당하게 부를 늘리는 행동에 대한 하나님의 벌은 그에 대한 부의 상실과 가난한 자에게 다시 그 부를 분배할 수 있는 자에게로 부의 이동을 의미한다.

또 시편 37편 21절은 도덕적으로 악한 사람은 빌린 돈을 갚지 않으려 한다고 말한다. 무엇보다도 우리는 율법이 7년 이상의 장기대출을 금지하고 있다는 사실을 주목할 필요가 있다. 결국 우리가 채권투자를 할 때는 이와 관련된 모든 말씀을 종합적으로 고려하여야 한다.

chapter 05
정리를 위한 토론문제

1. 잠언 22장 7절과 누가복음 16장 1절-13절을 각각 읽고 솔로몬과 예수 그리스도가 빈부에 대한 정의를 어떻게 하고 있는지 말해 봅시다. 이러한 빈부 구분이 일반적으로 말하는 부자와 가난한 자에 대한 정의와 어떻게 다른지 말해 봅시다.

2. 열왕기하 4:1-7의 말씀을 읽고 난 후 이 여인이 겪은 위기의 내용과 이 위기를 극복한 방법에 대해 서로 이야기해 봅시다. 당신도 이와 비슷한 경험을 하였다면 함께 나누어 봅시다.

3. 채권 투자에 앞서서 우리가 알아야 할 빚에 대한 성경의 여러 가지 원리를 아는 대로 정리해 봅시다.

4. 채권은 주식과 어떤 점이 다른지 비교하여 설명해 봅시다.

5. 외국채와 유로채는 어떻게 다릅니까? 또 국제채의 종류를 두 가지 이상 예를 들고 각각 설명해 봅시다.

6. 당신이 채권 투자를 한다면 어떤 요인들을 고려해서 투자결정을 하겠습니까? 또한 그 요인들이 채권수익률과는 어떤 관계가 있는지 설명해 봅시다.

chapter
06

성장을 위한 주식투자

"그 종 열을 불러 은화 열 므나를 주며 이르되
내가 돌아올 때까지 장사하라 하니라" 누가복음 19:13

So he called ten of his servants and gave them ten minas.
'Put this money to work,' he said, 'until I come back.'

['열 므나 비유' 의 배경과 기능]

투자에 관한 원리를 잘 배울 수 있는 비유 가운데 하나는 '열 므나 비유' 이다. 누가복음 19장 11절-27절에 소개되고 있는 '열 므나 비유' 를 통해 투자 원리를 배워보자.

이 비유를 제대로 이해하기 위해서는 비유의 배경을 먼저 살펴볼 필요가 있다. 이 비유의 바로 앞에 세리장 삭개오가 구원을 받는 이야기가 소개되고 있다. 예수께서 "오늘 구원이 이 집에 이르렀으니 이 사람도 아브라함의 자손임이로다" 누가복음 19:9 말씀하시자 제자들은 하나님의 나라가 당장에 나타날 것으로 오해하고 있었다. 따라서 예수 그리스도는 제자들이 잘못 알고 있는 것을 바로 가르쳐줄 필요를 느낀 나머지 이 비유로 가르치게 되었다.

이 비유는 네 가지 중요한 기능을 수행하고 있다.[30] 첫째, 하나님 나라의 도래 시기를 분명히 하고 있다. 둘째, 곧 있게 될 예수 그리스도의 거절the coming rejection of the Lord과 앞으로 있을 주님의 재림을 사실적으로 묘사하고 있다. 셋째, 예수 그리스도의 승천과 재림의 중간시점에서 제자의 역할을 설명하고 있다. 넷째, 마태복음 25:14-30의 달란트 비유와 매우 비슷하지만 누가복음의 관점에서 독특한 기여를 하고 있다.

[투자의 관점에서 본 '열 므나 비유']

이 비유가 위의 네 가지 기능을 수행하고 있는 것이 사실이지만 투자의 관점에서 보면 여러 가지 투자 원리를 알려주고 있다. 무엇보다도 먼저, 투자자는 주인의 소유를 맡은 청지기이다. 따라서 청지기는 주인이 맡긴 돈을 사장시키지 말고 주인의 뜻을 따라 지체하지 말고 적극적으로 투자를 해야 한다.

둘째, 주인은 투자성과에 대해 평가하고 보상한다. 그 귀인이 왕위를 받아가지고 돌아와서 종들이 각각 어떻게 장사했는지 알고자 보고를 받았을 때 첫째 종이 나아와 "주인이여 당신의 한 므나로 열 므나를 남겼나이다" 누가복음 19:16라고 말하였다. 이에 대하여 주인은

"잘하였다 착한 종이여 네가 지극히 작은 것에 충성하였으니 열 고을 권세를 차지하라" 누가복음 19:17고 평가를 하면서 그 보상으로 열 고을을 다스릴 권세를 주었다. 다섯 므나를 남긴 종에 대해서도 보고를 받고 동일한 칭찬을 하였으나 보상으로 다섯 고을을 다스리는 권세를 주었다. 그러나 주인이 한 므나를 수건에 싸둔 종에 대해서는 책망을 하면서, "그 한 므나를 빼앗아 열 므나 있는 자에게 주라" 누가복음 19:24고 하였다.

셋째, 투자성과는 개인에 따라 차이가 날 수 있다. 열 므나를 남긴 종, 다섯 므나를 남긴 종,그리고 전혀 남기지 않은 게으른 종도 있었다.

넷째, 지극히 작은 투자금액이라도 최대한 활용해야 한다. 한 므나는 100 데나리온이고 한 데나리온은 노동자의 하루 품삯이다. 노동자의 일당이 5만 원이라면 한 므나는 500만 원밖에 되지 않기 때문에 상대적으로 적은 금액이라 할 수 있다. 그러나 이것을 잘 활용했을 때 열 고을 또는 다섯 고을을 다스리는 권세를 줄 정도로 그 보상은 매우 컸기 때문에 우리는 적은 금액이라도 잘 투자해야 한다.

다섯째, 직접 투자가 불가능하다면 간접 투자라도 해야 한다. 받은 므나를 수건에 싸두고 장사를 하지 않은 종에게 주인은 이렇게 말했다. "그러면 어찌하여 내 돈을 은행에 맡기지 아니하였느냐 그리하였으면 내가 와서 그 이자와 함께 그 돈을 찾았으리라" 누가복음 19:23. 장사하는 것은 일종의 직접 투자라 볼 수 있다. 그러나 장사를 하지 못할 경우에는 그것을 은행에 맡겨서 간접 투자를 하여 수익을 창출해야 한다.

요컨대, 재물은 주님께서 맡기신 것을 인식하고 비록 그 금액이

적다 할지라도 최선을 다해서 열 므나를 남긴 종처럼 적극적으로 투자하고 관리하여 투자수익을 극대화해야 한다. 그리하여 마지막 날에 '잘하였다 착한 종이여 네가 지극히 작은 것에 충성하였으니 열 고을 권세를 차지하라' 는 칭찬과 보상을 받는 투자자가 되도록 해야 할 것이다.

[주식의 의의와 주식의 종류]

이제 '열 므나 비유' 가 투자자에게 주는 교훈을 주식투자에 적용해 보자. 사업이나 투자는 위험을 전제하고 있다. 부의 성장을 위해서는 주식투자를 하지 않을 수 없다.

그렇다면 도대체 주식이란 무엇인가? 주식은 기업의 소유권을 나타내는 증서이다. 주주는 사업의 일부분에 대한 소유자이다. 따라서 주주는 사업의 이익을 분배받을 권리를 가진 자이다. 그러나 주주의 권리는 채권자보다 우선순위에서 뒤진다.

주식의 종류에는 어떤 것이 있는가? 주주 권리의 우선권 여부에 따라 보통주와 우선주가 있다. 보통주는 주주의 권리를 평등하게 가진 주식으로서 이익배당이나 잔여재산의 분배에 있어서 기준이 되는 주식이다. 우선주는 이익배당이나 잔여재산의 분배 등 여러 면에서 우선적 지위가 인정된 주식이다. 배당우선의 경우 보통주보다 대개 배당률이 더 높은 대신 의결권이 주어지지 않는다.

주식은 또한 액면 표시 여부에 따라 액면주와 무액면주가 있다. 액면주란 주권에 액면가가 기재되어 있는 주식이다. 한국은 액면금액이 표시되어 있는 액면주만 인정하고 있다. 무액면주는 주금액이 기재되어 있지 않은 주식으로 미국과 같은 선진국에서는 무액면주의 발행이 보편화되고 있다. 한국은 이전에는 액면금액이 동일하였으나 현재는 다양한 액면을 허용하고 있다. 경제신문을 보면 A부터 E까지 다섯 가지로 액면금액을 표시하고 있는데 A = 100원, B = 200원, C = 500원, D = 1,000원, E = 2,500원, 그리고 아무런 표시가 없을 경우에는 액면가가 5,000원이다.

상장된 기업이 부채상환을 하거나 투자에 필요한 자금을 확보하기 위해 신주를 발행하는 경우가 있다. 이때 신주의 발행은 유상증자와 무상증자로 나누어진다. 유상증자를 할 경우에는 주금의 납입이 있기 때문에 유상주, 무상증자를 할 경우에는 주금의 납입이 없기 때문에 무상주라 부른다.

이 밖에도 주식을 상환주와 전환주로 구분하기도 한다. 상환주는 주주권의 존속기간이 한정되어 있는 주식으로 발행시점부터 회사의 이익이 발생하므로 일정 기간 후에 소각하도록 되어 있는 주식이다. 상환주는 원금이 상환된다는 점에서 사채의 성격을 가지고 있다. 우리나라 상법에서는 우선주에 한하여 상환주를 발행할 수 있도록 하고 있다.

전환주는 일정한 요건하에서 다른 종류의 주식으로 전환할 수 있는 주식을 말한다. 대개 우선주에서 보통주로 전환하는 것이 보통이다.

[주식의 투자 특성]

주식에 투자하기 위해서는 주식의 투자 특성을 이해할 필요가 있다. 주식은 투자수익률도 높지만 위험도 매우 높다. 저자의 연구에 의하면 20년간의 실제 투자수익률과 위험을 계산한 결과 주식은 연평균 수익률이 18.6%였지만 위험은 35.7%였다.[31] 이것은 회사채나 국채에 비해 수익률도 높았지만 위험도 훨씬 더 컸다.

〈표〉 투자 자산의 연평균 수익률과 위험(%)

자 산		산술평균수익률 (A)	표준편차 (B)	위험 한 단위당 수익률(A/B)
주 식	종 합	18.6	35.7	0.52
	대 형	19.8	37.0	0.53
	중 형	21.5	35.2	0.61
	소 형	25.3	35.0	0.72
회 사 채		15.5	4.5	3.41
국 채		14.5	4.7	3.11
부 동 산		8.0	10.9	0.73
정기예금		10.5	2.7	3.88

*주식자본금 규모에 따른 분류는 다음과 같다.

1995년 1월까지는 대형주 : 150억이상, 중형주 : 50억이상 150억미만, 소형주 : 50억 미만

1995년 2월부터는 대형주 : 750억 이상, 중형주 : 350억 이상 750억 미만, 소형주 : 350억 미만

[주식에 투자하는 이유]

왜 우리는 주식에 투자하는가? 그 이유를 세 가지로 설명할 수 있다.[32] 첫째, 주식은 장기적으로 우량주에 투자하면 다른 투자 대상보다 성과가 더 높다. 이를 뒷받침하는 증거를 박현주 회장이 쓴 『돈은 아름다운 꽃이다』에서 찾을 수 있다.[33] 그는 주식의 우량종목 20종목으로 KBIKorea Bluechip Index를 개발해 지수를 산정해 보았다. 1992년부터 2005년 9월까지 13년간의 이 블루칩 지수는 무려 1,771%의 수익률을 나타냈다. 이에 반하여 같은 기간 동안 회사채는 403%의 수익률을 나타냈고, 코스피 지수는 78%로 오히려 수익률이 마이너스를 기록했다.

둘째, 주식투자는 기업에 자본을 제공하게 되고 기업은 이 자본으로 제품과 서비스를 우리에게 제공해주고 있다. 뿐만 아니라 우리에게 일자리를 창출해 준다.

셋째, 주주는 기업에 긍정적 영향력을 행사할 수 있다. 그리스도인으로서 기업의 지분을 일부 소유하고 있다면 중요하고 결정적인 영향을 미칠 수 있다. 예컨대, 주주는 기업 경영자에게 기업지배구조 개선과 윤리경영 등을 요청할 수 있다.

[주식의 투자전략적 구분과 투자 전략의 선택]

우리는 어떤 주식에 투자해야 하고 어떤 투자자가 되어야 할까? 이 질문에 답하기 위해서는 먼저 주식을 투자전략적인 차원에서 구분할 필요가 있다. 주식에는 투기적 주식speculative stocks, 성장주식growth stocks, 우량주blue chip stocks, 그리고 공익사업주식utility stocks으로 나눌 수 있다.

먼저 투기 주식은 이제 막 창업한 기업이나 어떤 이유로 약한 기업의 소유권을 말한다. 보통 투자자는 이런 주식은 투자 대상으로 회피하는 것이 상책이다.

성장 주식은 지리적으로 한정된 시장을 가지고 있으면서 건전한 기업이나 그 기업이 산업의 낮은 시장점유율을 차지하고 있는 건전한 기업의 소유권을 나타낸다. 이러한 기업들은 확장의 여지가 많아서 성장기회가 크다. 이것은 앞으로 주식의 가치가 더 증가할 수 있다는 것을 의미한다. 그러나 잠재적 수익률이 더 높을수록 수반되는 위험도 더 크다.

우량주는 크고 아주 견고한 기업의 소유권을 나타낸다. 우량주의 좋은 예는 철강업의 포스코, 반도체 및 전기전자업의 삼성전자, 유통업의 신세계를 들 수 있다. 이들 회사는 그 업계에서 퇴출될 위험이 거의 없다. 우량주는 보다 성숙한 투자자나 보수적인 젊은 투자자에게 가장 적절하다.

공익사업 주식은 전기, 수도, 가스 및 전화 회사의 소유권을 나타낸다. 이러한 회사들은 보통 독점적 위치에 있는 기업이기 때문에 가장 보수적인 회사이다. 이런 기업은 경쟁기업에 대해 전혀 신경을 쓸 필요가 없다. 이런 기업은 경제적 상황에 따라 크게 영향을 받지 않는다. 공익사업주식은 소득에 특별히 관심이 높고 어느 정도 성장도 원하는 투자자에게 적합한 주식이다.

우리는 어떤 투자자가 되기를 바라는가? 투자자는 세 종류의 부류로 나눌 수 있다. 투자자의 종류에는 투기자, 일반적 투자자, 그리고 진정한 투자자가 있다. 먼저 투기자는 투자를 한 달 또는 두 달 보유하는 투자자를 말한다. 일일 거래자는 당연히 투기자에 지나지 않는다. 일반적 투자자는 주식을 삼 개월에서 일 년간 보유하는 사람을 말한다. 그리고 진정한 투자자는 주식을 수년간 보유하는 투자자를 말한다. 이 세 종류의 투자자를 모두 투자자라 할 수 있겠지만 진정한 투자자만이 성경적인 투자자라고 할 수 있다.

[주식 투자를 하는 당신의 이유는?]

우리는 왜 투자하고 있는지 그 이유에 대해 생각할 필요가 있다.

* 당신과 이웃, 그리고 당신의 자녀를 위해 더 나은 세상을 만들기 위해 주식투자를 합니까?

* 아니면 단지 쉬운 방법으로 빨리 돈을 벌기 위해 주식투자를 합니까?

만일 당신의 대답이 두 번째라면 지금까지의 살펴본 하나님 말씀을 다시 검토할 필요가 있다. 그러면 당신은 곤경을 향해 달려가고 있다는 것을 알게 될 것이다.

미가 선지자는 하나님께서 우리에게 구하시는 것은 '정의를 행하는 것' 과 '인자를 사랑하는 것' , 그리고 '겸손히 하나님과 행하는 것' 이라고 명백하게 말하고 있다.

"사람아 주께서 선한 것이 무엇임을 네게 보이셨나니 여호와께서 네게 구하시는 것은 오직 정의를 행하며 인자를 사랑하며 겸손하게 네 하나님과 함께 행하는 것이 아니냐" 미가 6:8.

He has showed you, O man, what is good. And what does the LORD require of you? To act justly and to love mercy and to walk humbly with your God.

여기서 정의는 진정한 종교의 의미이다. 다시 말하면 이 정의는 사회적인 관심사에도 명백하게 증명되는 하나님께 대한 윤리적 반응을 말한다. 인자를 사랑한다는 것은 대가를 바라지 않고 의지적으로 다른 사람에게 친절을 베푸는 것이다. 그리고 겸손히 하나님과 행하는 것은 하나님 앞에서 겸손한 마음으로 그분과 의식적 교제를 하면서 사는 것을 의미한다.[34]

[가치투자, 어떻게 하는가?]

미국 몬테나 주 오마하의 현인으로 불리는 워런 버핏의 유명한 투자 철학은 '가치투자' 로 요약된다. 도대체 가치투자란 무엇이며, 어떻게 가치투자를 할 수 있는가? 가치투자란 가치가 상대적으로 높은 주식에 투자하는 것으로 이해하면 된다. 모든 주식은 내재적 가치를 지니고 있다. 그런데 시장에서 그 주식이 거래되는 가격은 내재적 가치와 반드시 일치하지 않는다. 다시 말하면 내재가치와 시장가격간에는 항상 괴리가 존재한다. 따라서 주식투자를 할 때 투자자는 관심이 있는 투자대상 종목의 내재가치를 평가하여 그 가치가 시장가격보다 현저히 높다고 판단되면 그 주식을 매입하고 그 반대의 경우에는 매도한다. 이것이 바로 가치투자의 방법이다.

[주식평가 모형]

이제 문제는 주식의 내재가치를 어떻게 평가할 수 있는가에 있다. 주식의 내재가치를 찾아내는 방법을 주식평가모형이라 한다. 기본적인 주식평가모형을 몇 가지 소개해 본다. 먼저 배당평가모형이 있다. 배당평가모형에 의하면 주식의 현재가치는 주식으로부터 발생하는 현금흐름인 미래 배당의 현재가치의 합으로 정의된다. 배당평가모형에도 여러 가지가 있다.

[일정성장 모형]

'고든 모형' 이라고도 불리는 일정성장모형은 주당 배당이 일정성장률로 계속 성장하는 경우로서 한 기 후의 주당 배당액을 요구수익률에서 성장률을 차감한 것으로 나누어 얻은 값이 바로 이론적 내재가치가 된다. 예를 들어보면, 어느 기업의 한 기 후의 배당액이 1,000원, 주식의 요구수익률은 15%, 그리고 배당의 성장률이 5%로 가정하면 이 기업 주식의 내재가치는 1,000/(.15-.05) = 10,000원이 된다. 만일 이 기업주식이 시장에서 7,000원에 거래되고 있다면 투자자는 이 주식을 매입할 것이다. 왜냐하면 이 주식의 가격이 결국 내재가치인 10,000원에 언젠가는 도달할 것이라고 기대하기 때문이다.

[제로성장 모형]

제로성장모형은 일정성장모형에서 기업이 성장하지 않고 항상 현상 유지만 하는 것으로 가정하는데, 이 경우 매 기간의 배당은 일정하다. 일정성장모형에서 배당성장률을 제로로 적용해보면 한 기 후의 주당 배당액을 요구수익률로 나누어 얻은 값이 바로 이론적 내재가치가 된다. 예를 들어 보자. 주당 2,000원의 배당금을 영구히 지급하는 보통주가 있다고 하자. 이 보통주의 요구수익률이 10%라면 이 주식의 내재가치는 2,000/.10 = 20,000원이 된다.

[장부가치 평가법]

다음에는 장부가치평가법이 있다. 이것은 주당 장부가치book value per share : BPS를 구하여 주가를 평가하는 방법이다. 주당 장부가치는 대차대조표상의 자기자본을 발행주식수로 나눈 값이다. 주당 장부가치를 이용하여 주식가치를 구하는 것은 용이하나 기업의 미래수익에 대한 잠재력을 무시하고 있어서 내재가치를 구하는 방법으로서의 유용성은 낮다. A 기업의 기말 현재 자산이 10억 원, 부채는 7억 원이며 발행주식수는 1만 주이다. A 기업의 주당 장부가치는 얼마인가? 우선 자기자본은 10억 원 − 7억 원 = 3억 원이 된다. 주당 장부가치는 300,000,000/10,000 = 30,000원이 된다. 만일 A 기업의 보통주가 시장에서 20,000원에 거래되고 있다면 이 주식은 과소평가 되고 있는 셈이다.

[PER 평가모형]

또 다른 주식평가방법으로 PER를 이용한 평가모형이 있다. 먼저 주가수익비율price-earning ratio : PER은 주가를 주당 순이익으로 나눈 비율이다. 이것은 주가와 주당 순이익earning per share : EPS의 비율을 뜻한다. 즉 PER는 주당 순이익에 대해 주가가 몇 배로 형성되어 있는지를 나타내는 것이다.

그렇다면 PER를 이용하여 주식가치를 어떻게 평가하는가? PER 평가모형에 의하면 정상적 PER에 현재 주당 순이익을 곱하여 구한 값이 내재가치가 된다. 예제를 하나 풀어보자. 어느 기업의 내년도 주당순이익이 2,000원이 될 것으로 추정된다. 만일 이 기업의 정상적 PER가 15라면 이 기업의 이론적 주가는 15 × 2,000 = 30,000원이 된다.

[직접 투자와 간접 투자의 선택]

주변에서 가끔씩 주식투자로 수십 배의 수익을 올렸다는 이야기를 듣지만, 실제로 대다수의 투자자들은 손해를 본 경험이 많아 주식은 투자로 인식하기보다 투기로 보는 시각이 많았다.[35] 그러나 그 실상을 좀 더 자세히 살펴보면 주식투자에 임하는 투자자들의 성숙하지 못한 자세에서 비롯된 것이다.

이들은 투자에 대한 아무런 계획도 없고 정확한 시장분석과 기업가치에 대한 분석도 하지 않으면서 그저 떠도는 소문을 좇아 무모한 투자를 하다 손해를 본다.[36] 솔로몬이 경고하는 말씀을 무시하고 투자한 결과인 것이다. "지식 없는 소원은 선하지 못하고 발이 급한 사람은 잘못 가느니라" 잠언 19:2.

최근 국내 주식시장은 이전의 증시 상황과는 확연히 다른 모습을 보여주고 있다. 지금까지 개인투자자의 직접 투자 비중이 높았던 국내 증시가 간접 투자 비중이 점차 늘어나면서 선진국형으로 바뀌고 있다. 또한 연기금을 비롯한 대형 기관투자자들의 투자비중이 증가하고 적립식 펀드를 통한 수급자금의 축적으로 인하여 주식시장은 안정적이고 지속적으로 성장하는 중요한 버팀목 역할을 하고 있다.[37]

그러나 아무리 국내 주식시장이 이전과는 다르다 할지라도 직접투자를 해서 성공한 투자자는 10명중 1명 정도에 지나지 않는다는 통계를 무시할 수 없다. 주식투자를 본인이 직접 하기를 원하는 사람은 피터 린치의 투자자격 판별법에 따라 자신을 평가할 필요가 있다. 이 판별법에 의하면 다섯 가지 질문에 '예' 라고 답할 수 있는 사람만이 주식투자를 성공적으로 할 수 있다.

첫째 질문은 '현재 내 집을 소유하고 있는가?' 이다. 그렇지 않다면 주식투자는 그만 두어야 한다. 오히려 집 마련을 위해 계획을 세우는 것이 낫다. 왜냐하면 집은 가장 좋은 투자대상이기 때문이다.

둘째는 '투자자금을 날려도 생활에 지장이 없는 여유자금으로 하는가?' 이다. 여기서 여유자금이라고 하는 것은 빚이 없고 투자자금을 다 날려도 생활에 지장이 없는 돈을 말한다. 잉여자금이 아니라면 주식투자를 통해 돈을 벌기가 어렵다. 또한 마음의 여유도 없게 된다.

셋째, '나의 IQ가 상위 3%와 하위 10% 사이에 속하는가?' 자문해 봐야 한다. 이 질문은 머리가 너무 좋아도 주식투자에 실패하기가 쉽고 너무 나빠도 성공을 하기 어렵다는 뜻이다. 주가에 영향을 주는 요인은 무수히 많아서 머리가 너무 좋은 사람은 이 요인을 일일이 고려하다 보면 너무 자주 매매를 하거나 매매시점을 포착하지 못할 가능성이 높을 것이다. 또 머리가 너무 나쁜 사람은 투자대상과 투자환경을 제대로 이해할 지식이 없기 때문이다.

넷째, '주식투자정보를 신문과 뉴스이외에서 얻고 있는가?' 를 물어봐야 한다. 신문이나 뉴스를 통해서만 정보를 입수하는 사람은 주식투자를 할 자격이 없다는 뜻이다. 왜냐하면 공시된 정보는 현재의 주가에 이미 반영되어서 이런 정보를 이용해서 투자를 하더라도 초과수익을 올릴 수 없기 때문이다.

마지막으로, 냉정하고 유연하며 참을성이 있고 자기 자신에 대한 신뢰가 있는가를 점검해야 한다. 자신이 시장변화에 유연하게 대처를 못한다거나 인내력이 부족하여 자기신뢰가 부족하다면 앞의 조건을 다 갖추었더라도 직접투자를 피하는 것이 좋다.

[이제는 펀드를 통한 주식투자]

피터 린치의 다섯 가지 질문을 다 긍정적으로 답할 수 있는 사람은 아마 그렇게 많지 않을 것이다. 그래서 그런지 최근 주식형 펀드 규모가 100조 원을 넘어섰다. 왜 펀드 투자가 이렇게 증가하고 있는가? 2000년 6월 말 현재 주식형 펀드 규모는 불과 2조 2,394억 원에 지나지 않았다. 그런데 2008년 1월에는 국내 주식형펀드 설정액은 69조 6,049억 원, 해외 주식형펀드 52조 4,468억 원으로 국내외 펀드를 포함한 전체 주식형 펀드 설정액은 약 122조 원이나 되었다.[38]

왜 주식형 펀드투자가 크게 늘어나고 있을까? 주식시장의 활황도 한 몫을 했다. 그러나 무엇보다도 개인투자자가 정보의 수집과 분석능력 면에서 기관투자가에 비해 게임이 되지 않을 정도로 열세이기 때문이다. 또 펀드투사를 하세 되면 두사위험을 최소화할 수 있다는 이론적 장점도 있다.

chapter 06
정리를 위한 토론문제

1. 저자는 누가복음 19장 11절-27절에 소개되고 있는 '열 므나 비유'가 네 가지 기능을 수행하고 있다고 주장하고 있습니다. 그것이 각각 무엇인지 말해 봅시다.

2. 또한 '열 므나 비유'를 투자자의 관점에서 배울 수 있는 원리를 말해 봅시다.

3. 주식을 쉽게 설명해 봅시다. 그리고 보통주와 우선주의 차이가 무엇인지 설명해 봅시다.

4. 6장의 〈표〉를 보고 주식의 투자 특성, 즉 투자수익과 투자 위험을 다른 투자 대상의 수익률, 그리고 위험과 비교하여 설명해 봅시다.

5. 주식은 투기적 주식speculative stocks, 성장 주식growth stocks, 우량주blue chip stocks, 그리고 공익사업 주식utility stocks으로 나눌 수 있습니다. 각각에 대해서 아는 대로 설명해 봅시다. 또 저자는 투자자를 투기자, 보통 투자자, 그리고 진정한 투자자로 나누고 있는데 당신은 어떤 투자자에 속하는지 말해 봅시다.

6. 가치투자의 개념을 쉽게 설명하고 주식의 가치를 평가하는 방법을 하나 예를 들고 구체적으로 평가하는 법을 설명해 봅시다. 또 이것을 실제 주식투자에 어떻게 적용할 수 있는지 설명해 봅시다.

7. 당신은 직접 투자를 하고 있습니까? 아니면 펀드를 통한 간접 투자를 하고 있습니까? 두 투자전략의 장단점은 무엇입니까? 또 어떤 투자가 당신에게 더 적합한지를 판단해 봅시다.

chapter
07

사회책임투자

"지극히 작은 것에 충성된 자는 큰 것에도 충성되고
지극히 작은 것에 불의한 자는 큰 것에도 불의하니라"누가복음 16:10

Whoever can be trusted with very little can also be trusted with much,
and whoever is dishonest with very little will also be dishonest with much.

최근 사회책임투자가 투자의 새로운 패러다임으로 등장하고 있다. 그런데 사회책임투자에 대한 성경적 근거를 누가복음 16장 1절-13절에 소개되고 있는 '불의한 청지기의 비유' 를 통해 찾아 정리할 수 있다.

먼저 이 비유에 등장하는 인물에는 채권자인 어떤 부자, 청지기, 그리고 주인에게 빚진 가난한 사람이 있다. 예수 그리스도가 이 비유를 제자들에게 말씀하셨다. 비유는 이렇게 시작하고 있다. "어떤 부자에게 청지기가 있는데 그가 주인의 소유를 낭비한다는 말이 그 주인에게 들린지라" 누가복음 16:1. 청지기는 주인의 재산을 관리하고 집안일 전반을 돌아보며, 다른 종들을 감독하는 책임을 맡았던 사람이다.[39]

[청지기의 문제와 대책수립]

주인이 청지기가 자기 소유를 허비하고 있다는 말을 듣고 그를 불러서 이렇게 말한다. "내가 네게 대하여 들은 이 말이 어찌 됨이냐 네가 보던 일을 셈하라 청지기 직무를 계속하지 못하리라" 누가복음 16:2.

청지기가 실직하게 되었으니 실직 이후의 삶에 대한 대책을 수립해야만 했다. 그가 속으로 "주인이 내 직분을 빼앗으니 내가 무엇을 할까?" 하고 대안을 모색하였다. 그는 세 가지 대안을 생각해 낸다. 땅을 파는 일, 빌어먹는 일, 그리고 주인에게 빚진 자의 빚을 탕감해 주는 일. 그러나 땅을 파는 일은 힘이 없어서 포기하고 빌어먹는 일은 부끄러운 일이라 포기한다.

결국 최선의 대안으로 채무자의 빚을 탕감해 주는 일을 선택한다. 그가 가난한 자의 빚을 탕감해 주면 자신이 청지기 직분을 빼앗긴 후에 그 사람들이 자기를 그들의 집으로 영접할 것이라고 기대한다. 청지기가 최선의 대안을 선택한 후에 그 계획을 신속하게 실행에 옮긴다. 주인에게 빚진 자를 일일이 불러다가 빚의 일부를 탕감해 주었다. 기름 백 말의 빚을 진 자는 오십 말로 증서를 쓰게 함으로써 50%를 탕감해 주었다. 밀 백 석을 빚진 자는 팔십 석으로 쓰게 함으로써 20%를 탕감해 주었다.

[주인이 청지기를 칭찬한 이유]

그런데 이 비유의 난해한 부분 가운데 하나는 주인이 이 옳지 않은 청지기가 일을 지혜 있게 하였으므로 칭찬하였다는 것이다. 주인이 왜 옳지 않은 청지기를 칭찬하였을까? 본문에서는 일을 지혜있게 하였기 때문에 칭찬했다고 말한다. 주인의 돈을 낭비한 것을 칭찬한 것이 아니라 자신의 앞날을 위해 신속하게 준비했기 때문이다. 청지기는 주인이 빌려준 돈의 원금을 탕감해준 것이 아니라 청지기가 위임받은 이자를 탕감해 주었다.[40]

[빛의 아들들이 배워야 할 원리]

예수 그리스도는 비유 끝에 제자들에게 "이 세대의 아들들이 자기 시대에 있어서는 빛의 아들들보다 더 지혜로움이니라" 누가복음 16:8고 말하고 있다. 그러면 예수 그리스도는 '불의한 청지기의 비유' 를 통하여 제자들에게 무엇을 가르치고자 하였는가?

첫째, 하나님의 자녀는 하나님과 재물을 동시에 가질 수는 있어도 둘을 함께 섬길 수는 없다는 것을 가르치기 위해서다. "집 하인이 두 주인을 섬길 수 없나니 혹 이를 미워하고 저를 사랑하거나 혹 이를 중히 여기고 저를 경히 여길 것임이니라 너희는 하나님과 재물을 겸하여 섬길 수 없느니라" 누가복음 16:13.

둘째, 재물은 불확실성을 가지고 있다. 이에 반하여 하나님의 은혜와 영광은 확실하고 영원하다. 따라서 불확실한 재물을 가지고 가난한 사람을 친구로 사귀는데 사용해야 한다. "내가 너희에게 말하노니 불의의 재물로 친구를 사귀라 그리하면 그 재물이 없어질 때에 그들이 너희를 영주할 처소로 영접하리라" 누가복음 16:9.

셋째, 재물은 가치가 지극히 작고 하나님의 은혜와 영광은 무한한 가치가 있다. 그리고 가치가 적은 재물에 부정직한 사람은 하나님의 은혜와 영광에도 부정직할 것이기 때문에 재물의 거래에 정직해야 한다. "지극히 작은 것에 충성된 자는 큰 것에도 충성되고 지극히 작은 것에 불의한 자는 큰 것에도 불의하니라" 누가복음 16:10.

넷째, 재물은 거짓된 부deceitful riches이지만 하나님의 은혜와 영광은 참된 부true riches이다. 그러나 참 만족과 행복을 주지 못하는 이 세상의 재물에도 정직할 수 없다면 참된 부인 하나님의 은혜와 영광을 너희에게 맡길 수 있겠는가! "너희가 만일 불의한 재물에도 충성하지 아니하면 누가 참된 것으로 너희에게 맡기겠느냐" 누가복음 16:11. So if you have not been trustworthy in handling worldly wealth, who will trust you with true riches?

마지막으로, 이 세상의 재물은 우리의 것이 아니라 하나님의 소유이다. 그러나 영적이고 영원한 부는 우리의 소유이다. "너희가 만일 남의 것에 충성하지 아니하면 누가 너희의 것을 너희에게 주겠느냐" 누가복음 16:12.

[사회책임투자에 대한 솔로몬의 교훈]

예수 그리스도는 '불의한 청지기의 비유'를 통해 우리 모두는 우리가 소유한 모든 것의 청지기에 지나지 않는다는 것을 가르치고 있다. 무엇을 가지고 있든, 모든 것의 소유권은 하나님께 있고 우리는 단지 사용권만 가지고 있다. 따라서 모든 것을 사용할 때는 하나님의 지시와 영광을 위해 사용해야 한다.

솔로몬은 사회책임투자에 대해 무엇이라고 말하는가? 하나님은 부정직한 사람을 미워하고 도덕적으로 악한 사람의 집에는 여호와의 저주가 임할 것이나 그는 정직한 자를 기뻐하시고 윤리적으로 의로운 사람의 집에는 복이 있도록 할 것이라고 말하고 있다.

"악인의 집에는 여호와의 저주가 있거니와 의인의 집에는 복이 있느니라" 잠언 3:33.

The Lord's curse is on the house of the wicked, but he blesses the home of the righteous.

그리고 도덕적으로 악한 자의 집은 결국 망하게 될 것이고 정직한 자의 집은 흥하게 된다고 말하고 있다.

"악한 자의 집은 망하겠고 정직한 자의 장막은 흥하리라" 잠언 14:11.

The house of the wicked will be destroyed, but the tent of the upright will flourish.

한 랍비는 이렇게 말했다.[41] "이 세상은 하나의 집이다. 하늘은 지붕이고, 별들은 전깃불이다. 과일을 내는 땅은 하나의 식탁이다.

이 집의 주인은 거룩하고 복된 하나님이다. 좋은 것을 배달받은 사람은 이 집의 청지기이다. 그가 잘 행하면 여호와의 눈에 은총을 입지만 그가 잘못 행하면 이 청지기직에서 물러날 것이다."

[투자에도 변화가 필요하다]

앞부분에서 사회책임투자에 대한 성경적 근거를 살펴보았다. 왜 투자에도 새로운 변화가 필요한가? 미국의 주가가 꾸준히 올라 많은 사람들의 재산을 늘려준 긍정적인 효과가 있다.[42] 또한 사람들은 자유스럽게 쓸 수 있는 돈을 가지게 되었고 품위 있게 은퇴할 수 있을 것이라는 안도감도 생겼다.

그런데 부정적인 효과도 만만치 않다. 야생의 자연이 사라지고 있다. 대도시마다 커다란 빈민가가 자리를 잡았다. 돈에 팔려가 묶인 채 일하거나 매춘을 하는 아이들도 많다. 매일같이 수백, 수천 명이 영양실조, 콜레라, 가난으로 인해 죽는다.

이러한 양면적인 세계가 과연 얼마나 오랫동안 지속될 수 있을까? 변화가 필요하다.[43] 투자로 더 나은 세상을 만들 수는 없을까? 저자는 투자로 이 세상을 변화시킬 수 있다고 믿는다. 그렇다면 그 해결책은 무엇일까? 사회책임투자가 그 해답이 될 수 있다.

오늘날 누구에게 세상을 가장 잘 움직이는 힘이 있는가? 이것에 답하기 위해 건축물들의 역사적 변화를 살펴볼 필요가 있다. 고대에서 르네상스 시대까지 대규모 지상 건축물들은 거의 대부분 하나님께 바치기 위해 지었다. 이 시대에는 보편적인 선과 목적이 존재하며 이것이 중요하다고 가르쳤다.

그 다음은 정부의 시대였다. 16세기 이후 300여 년 동안 지은 건물가운데 가장 큰 것들은 대부분 의회나 궁전이었다. 이 시대에는 다수의 의견과 복리를 중시하였다.

최근 100여 년 동안 기업들의 본부가 도시에서 가장 큰 건물이 되었다. 사람들에게 재화나 서비스를 제공하는 기업의 힘을 상징적으로 보여주고 있는 셈이다. 지금 우리에게 가장 거대한 기념물은 금융 산업의 건물들이다. 미국의 월가에 들어선 금융산업의 빌딩과 여의도의 금융가에 모여 있는 증권회사와 보험사의 본사 건물들을 보라. 이제 우리는 돈을 움직이는 자들을 인정하고 존중한다. 돈을 움직이는 자들이 하나님, 정부, 기업을 차례로 대체하고 있다.

오늘 우리가 어떻게 투자를 하느냐가 내일 우리가 살아갈 세계의 모습을 결정한다. 사회책임투자자들은 '어떻게 투자하는가는 중요하다' 는 근본적인 신념을 가지고 있다. 우리의 투자로 살만한 세계를 만들자는 공동의 목표를 가지자. 이 목표를 우리의 일상적인 금융활동과 투자에 반영시키자!

[사회책임투자란?]

사회책임투자란 무엇인가? 그 개념에 대해서는 단순히 정의하기 어렵다. 카메조는 "투자가 미칠 사회적 영향에 관심을 가지는 투자" 로 정의하고 있다.[44] 일반적으로 사회책임투자는 환경법이나 다른 법을 어기는 기업, 어린이 노동을 이용하는 기업 또는 노동착취

기업, 차별적 고용 기업, 보다 일반적으로는 사회에 해악을 끼치는 제품을 생산하는 기업 또는 대부분의 사람들에게 비난받을 만한 관행을 행하는 기업을 배제하는 투자를 의미한다.

유럽에서는 더 좁게 환경에 초점을 맞추는 지속가능투자 sustainable investing라는 용어를 더 많이 사용하고 있다. 영국과 호주에서는 윤리적 투자ethical investing 개념이 비슷한 접근법을 나타내기 위해 사용되고 있는 것 같다. 그러나 이 가운데 가장 포괄적이고 보편적인 용어는 바로 미국을 중심으로 의견의 일치를 본, 사회책임투자 socially responsible investing : SRI이다.

사회책임투자는 기본적으로 하나의 과정이다. 그것은 과학이라기보다는 하나의 기술이다. 또 그것은 당신의 돈을 삶과 사회, 환경과 세상에 건설적으로 연결시키는 긍정적인 접근방법이다.

[사회책임투자와 전통적 투자]

그러면 사회책임투자는 전통적 투자와 무엇이 다른가? 전통적 투자는 투자수익극대화에만 관심을 가지지만 사회책임투자는 투자수익뿐만 아니라 사회책임을 수행하여 이웃도 잘 살 수 있게 한다. 사회책임투자는 개인적 가치들과 사회적 관심들을 투자결정에 통합시키는 것이다. 사회책임투자는 순전히 미국에서 고안된 것이지만 유럽과 선진국은 말할 것도 없고 최근에는 한국에도 도입되고 있다.

그런데 사회책임투자를 하게 되면 개념적으로 보면 성경적인 가치관과 일치하는 것이지만 실제 투자성과는 어떤가? 사회책임투자는 전통적 투자전략보다 재무적 성과가 더 높다.[45] 사회책임투자는 수익률에 있어서도 전통적 투자전략을 앞서고 있지만 투자위험에서도 더 낮아졌다. 대부분의 투자전략은 투자성과를 높이기 위해서는 위험의 증가를 요구하고 있거나 위험감소의 대가로 더 낮은 성과를 수용해야 한다. 사회책임투자는 위험도 줄이고 성과도 개선시킬 수 있다.

[사회책임투자의 시작]

사회책임투자는 서구 종교 단체의 활동에서 출발하였다. 퀘이커교도가 북미에 정착하여 무기와 노예 관련 회사에 투자를 거부하였고 종교단체들은 인류에 해가 되는 상품, 즉 술, 무기, 담배 등을 생산하는 회사에 투자를 하지 않았다.

사회책임투자의 정신은 감리교회 창설자인 존 웨슬리(1705-1791)의 '돈의 사용'에 대한 설교에 잘 나타나 있다.[46] 이 주목할 만한 설교에서 그는 "이웃을 다치게 함으로써 돈을 벌거나 이익을 취하지 말라"고 설교하였다. 그의 설교는 세 가지로 요약할 수 있다.

첫째, "이웃을 재산상으로 다치게 하지 말라"고 하였다. 특히 불공정한 거래나 도박, 그리고 해로운 융자 등으로 이웃의 재산이 축나도록 해서는 안 된다고 말했다.

둘째, 그는 "이웃을 육체적으로 다치게 하지 말라"고 설교했다. 술을 만들어 팔아 이익을 취함으로써 이웃의 육신을 다치게 하는 것과 같은 일을 해서는 안 된다는 뜻이었다.

셋째, 그는 "이웃을 정신적으로 다치게 하지 말라"고 했다. 그는 신도에게 강과 개울을 오염시키는 산업이나 뇌물을 써서 돈을 버는 산업에는 관여하지 말라고 촉구하였다. 웨슬리는 신도들이 단순하게 살아갈 것과 물질의 소유에 너무 집착하지 말라고 권고했다.

현대적 의미의 사회책임투자의 시작은 냉전시대로 인해 전 세계가 정치적 열병을 앓았던 1960년대로 거슬러 올라간다. 19세기 시민사회의 도래 이후 개인의 행복에만 치중했던 일반 대중들은 60년대 당시 활발히 벌어졌던 인권, 여성, 반전, 환경운동에까지 이르는 많은 이슈들을 통하여 '사회적 책임'이라는 개념에 눈을 돌리게 되었다. 이와 같은 현상은 근로자 인권, 기업의 경영, 반핵문제로까지 차차 그 범위를 넓혀 갔다.

[사회책임투자의 기폭제]

1970년대 있었던 남아프리카공화국에 대한 반 인종차별운동은 '투자'가 '사회적 책임'에 직접적인 영향력을 발휘할 수 있다는 것을 알려준 기폭제가 된 사건이었다.[47] 남아공의 인종차별 정책에 항거하기 위해 세계의 많은 투자자들은 남아공과 비즈니스 관계에 있는 어떤 다국적 기업에 대해서도 투자를 하지 않기로 결의하였으며 이러한 제재 조치는 1994년 만델라가 남아공 최초의 흑인대통령에 당선될 때까지 이어졌다. 투자자들은 결국 자본이 인권탄압에 대항하는 그 어떤 수단보다도 효과적이라는 사실을 깨닫게 되었다.

반 인종차별 운동 이후 본 궤도에 오른 사회책임투자는 80년대 이후부터 환경운동에 눈을 돌리게 되었다. 1984년 유니온 카바이드사의 인도 보팔공장 가스유출 사건과, 1986년 구소련의 체르노빌 원자력 폭발사건 등은, 같은 시기 사회적 논란이 된 기후온난화와 오존층 파괴 등의 자연재해와 더불어 환경보존에 대한 경각심을 투자자들에게 일깨워준 사건들이었다.

1990년대는 다국적 기업의 생산 기지가 제 3 세계로 본격적으로 이전되기 시작한 때이다. 개발도상국 근로자들의 인권문제나 어린이 노동자 고용, 근로조건 준수 등도 본격적으로 사회책임투자의 중요한 형태로 거론되기 시작했다. 남아프리카공화국 문제 이래 근로자들의 인권문제, 즉 착취공장 문제는 사회책임투자가 직면한 가장 복잡한 이슈이다. 남아프리카 공화국 문제에 대한 대응책을 만들어 낸 것처럼 이 문제에 대해서도 앞으로 빠른 해결책이 이뤄져야 할 것이다.

[사회책임투자의 실행전략]

투자자는 어떻게 SRI를 실행할 수 있는가? 세 가지의 추진전략이 있다. 스크리닝 전략, 주주행동주의 또는 기업과의 직접 대화, 그리고 지역사회개발 금융기관을 통해 사회책임투자를 실행할 수 있다.

먼저 스크리닝 전략이란 무엇인가? 스크리닝이란 사회적 또는 환경적 기준에 기초해서 투자 포트폴리오에 어느 기업의 주식이나 채권을 포함시키거나 제외시키는 것을 말한다. 스크리닝은 투자자가 보다 긍정적인 사업운영 기록을 갖고 있는 기업들에 투자할 수 있도록 해준다. 또한 스크리닝은 해로운 제품이나 서비스를 피하고 보다 긍정적인 노력을 높게 평가하도록 한다. 스크리닝은 투자자가 직접 투자를 할 때에도 적용할 수 있고 간접 투자를 할 때에도 사용할 수 있다.

[네거티브 스크리닝과 포지티브 스크리닝]

스크리닝에는 네거티브 스크리닝negative screening과 포지티브 스크리닝positive screening이 모두 포함된다.[48] 처음에 스크리닝은 일련의 가치에 부합하지 않는 것에는 투자하지 않는 네거티브 스크리닝이었다. 이런 접근법은 종교에 기초한 사회적 투자자들이 인간사회에 해로운 산업에서 이익을 취하기를 회피하고자 했던 사실에서 연유한 것이다. 그러나 술, 담배, 도박이 중독성이 있고 가정을 파탄시킬 수 있다는 점은 굳이 종교를 믿는 사람이 아니더라도 누구나 다 인정한다. 더 나은 세계를 건설하기를 원하는 사람은 누구나 그런 산업들이 자신의 가치와 일관되지 않는 투자대상이라고 생각한다.

네거티브 스크리닝이 가지는 한계를 극복하고 인간과 지구의 관점에서 주위에 끼치는 영향을 개선하려고 스스로 노력하는 기업이나 산업들을 적극적으로 부각시키기 위해 스크리닝은 나중에 포지티브 스크리닝으로 발전하게 되었다. 포지티브 스크리닝은 질적 스크리닝을 강조하고 있다. 포지티브 스크리닝은 다른 기업들보다 더 나은 사업운영기록을 가지고 있는 기업 또는 모범적인 기업시민이 되려고 스스로 노력한다고 입증된 기업에 투자할 수 있도록 해준다. 질적 스크리닝은 자신의 행동을 깨끗이 하는 기업을 보상해 주는 동시에 다른 기업이 그런 기업을 본받도록 한다.

[기업과의 직접대화]

사회책임투자의 두 번째 전략은 기업과의 직접대화이다.[49] 주주라면 누구나 기업의 일부분에 대한 소유권을 가지고 있기 때문에 이 권리를 이용하여 기업과 직접대화의 자리에 앉아서 기업 쪽에 여러 가지 쟁점들에 관한 의견을 폭넓게 제기할 수 있다. 투자자와 기업 경영진과의 직접대화는 많은 성과를 가져왔다. 기업과의 직접대화 덕분에 남아프리카 공화국의 인종차별 정책이 종식되었다. 또한 직접대화는 납품업체에 제품이나 부품생산을 아웃소싱할 때 적용돼야 할 행동규범을 만드는 데도 기여했다. 또 그것은 기업들이 환경적 영향에 대한 일관성 있는 보고서를 쓰게 하는 데도 긍정적으로 작용하였다.

기업과의 직접대화는 어떤 형태로 이루어지는가? 기업에 대한 사회적 감사보고서를 해당기업에 전달하고 그에 대한 보충설명과 응답을 요구하는 것도 쟁점 현안에 대한 경영진의 경각심을 불러일으킬 수 있는 방법이다. 기업이 어떤 결정을 내렸을 때 편지를 보내서 명확한 설명을 요구하거나 우려를 표명하기도 하고 경우에 따라서는 감사의 뜻을 전하는 것도 좋은 결과를 가져올 수 있다. 때로는 소비자 불매운동과 선별구매전략을 사용하기도 하고 심지어 불도저

앞에 드러눕는 방법이 동원되기도 한다. 그러나 기업 경영진과 직접 대화를 하는 가장 제도적이고 보편적으로 사용되는 것은 주주결의안 제출과 그에 대한 투표다.

[지역사회개발 금융기관]

사회책임투자의 세 번째 전략은 지역사회개발 금융기관에 대한 지지와 투자다. 사회책임투자자로서 우리는 기존의 지배적 위치에 있는 제도권의 금융기관 밖에서 금융거래의 대안 모델을 찾을 수 있다. 지역사회개발 금융기관에는 지역사회개발 대출펀드, 지역사회개발은행, 지역사회개발 신용조합의 세 가지가 있다.[50]

사회책임투자자들은 이러한 금융조직들을 통하여 자금을 구할 수 없는 사람들에게 자금을 공급해 줄 수 있다.[51] 그렇게 공급된 자금은 그들이 집을 구입하거나 사업을 시작하는 데 종자돈 역할을 한다. 사회책임투자자들이 이렇게 하는 이유는 자본주의의 혜택을 받지 못하는 사람들이 의외로 많다는 것을 알기 때문이다. 도심 빈민가의 황폐함, 아메리칸 인디언 보호구역의 극빈상태, 저개발국가에서 일어나는 기아와 인간적 고통들을 해결하기 위해서는 이와 같은 대안적 금융기관의 역할이 절대적으로 필요하다.

이러한 지역사회개발 금융기관들은 그 지역과 아주 밀착되어 있다. 이들은 극빈자 대출, 사회적 서비스 기관과의 협력, 교육훈련과 감시, 비전통적 방식에 의한 위험과 보상 나누기와 같은 일을 한다. 이런 일들은 여러 측면에서 가장 오래되고 일반적인 형태의 사회책임투자이다.

사회책임투자자들은 살 만한 지구를 만드는 데 스크리닝, 직접대화, 지역사회개발 금융기관이라는 세 가지 수단을 이용한다.[52] 정의와 환경적 지속성이라는 목적을 매일의 투자결정에 통합시켜 넣는 선택을 함으로써 우리는 나 자신뿐만 아니라 모든 아이들도 평화와 인간으로서의 존엄성을 지키면서 자랄 수 있는 세계를 만드는 데 한 몫을 할 수 있게 된다.

chapter 07
정리를 위한
토론문제

1. 누가복음 16장 1절-13절에 소개되고 있는 '불의한 청지기의 비유' 에서 청지기의 문제는 무엇이며 이 문제를 해결하기 위해 그는 어떤 목적을 설정하였습니까? 또 그 목적을 달성하기 위해 검토한 대안에는 어떤 것이 있었으며 최적 대안으로 무엇을 선택했습니까?

2. 예수 그리스도는 비유 끝에 제자들에게 "이 세대의 아들들이 자기 시대에 있어서는 빛의 아들들보다 더 지혜로움이니라" 누가복음 16:8고 말하고 있습니다. 그러면 예수 그리스도는 '불의한 청지기의 비유' 를 통하여 제자들에게 무엇을 가르치고자 하였습니까? 특히 사회책임투자와 관련시켜 설명해 봅시다.

3. 솔로몬은 사회책임투자의 원리를 어떻게 말하고 있습니까? 관련된 말씀을 인용하고 이 말씀이 의미하는 것을 쉽게 설명하여 봅시다.

4. 사회책임투자란 무엇입니까? 카메조의 정의와 일반적인 정의를 살펴보고 자신의 말로 설명해 봅시다.

5. 만약 우리가 저축하고 투자한 돈이 카지노, 포르노업, 고리대금업에 투자되고 있다면 당신은 어떤 생각이 듭니까? 또 이것과 관련하여 사회책임투자가 전통적인 투자와 어떻게 다른지 설명해 봅시다.

6. 사회책임투자의 정신을 감리교회 창설자인 존 웨슬리(1705-1791)의 '돈의 사용' 에 대한 설교로 설명해 봅시다.

7. 사회책임투자의 세 가지 전략을 나열하고 각각이 의미하는 바를 쉽게 설명해 봅시다.

2부

Building Your Financial House

"집은 지혜로 말미암아 건축되고 명철로 말미암아 견고하게 되며
또 방들은 지식으로 말미암아 각종 귀하고 아름다운 보배로 채우게 되느니라" 잠언 24:3-4

By wisdom a house is built, and through understanding it is established;
through knowledge its rooms are filled with rare and beautiful treasures.

chapter 08

스크리닝의 원리와 적용

"더러는 좋은 땅에 떨어지매 어떤 것은 백 배, 어떤 것은 육십 배,
어떤 것은 삼십 배의 결실을 하였느니라" 마태복음 13:8

Still other seed fell on good soil, where it produced a crop a hundred,
sixty or thirty times what was sown.

스크리닝이란 사회적 또는 환경적 기준에 기초해서 투자 포트폴리오에 어느 기업의 주식이나 채권을 포함시키거나 제외시키는 것을 말한다. 사회에 긍정적인 영향을 주는 기업은 투자 포트폴리오에 포함시키고 부정적인 영향을 주는 기업은 제외시키는 사회책임투자전략을 스크리닝이라고 한다. 그런데 우리는 스크리닝의 원리를 성경에서 배울 수 있을까?

[씨뿌리는 자의 비유]

마태복음 13장 3절부터 9절까지에 소개되고 있는 '씨 뿌리는 자의 비유' 를 통해 스크리닝 전략의 원리를 배울 수 있다. 먼저 이 비유를 간단히 살펴보자. 이 비유의 시작을 보면 마치 해변에서 열리는 여름 신앙 수련회를 연상케 한다. "그 날 예수께서 집에서 나가사 바닷가에 앉으시매 큰 무리가 그에게로 모여 들거늘 예수께서 배에 올라가 앉으시고 온 무리는 해변에 서 있더니" 마태복음 13:1-2.

예수께서 말씀하신 비유의 내용은 이렇다. 씨를 뿌리는 자가 뿌리러 나가서 씨를 뿌리게 되었다. 그런데 어떤 씨는 길가에 떨어지게 되었는데 새들이 와서 먹어버렸다. 또 씨의 일부는 흙이 얕은 돌밭에 떨어지게 되었는데 흙이 깊지 아니하므로 곧 싹이 나왔지만 해가 돋은 후에 타서 뿌리가 없으므로 말라버렸다. 또 어떤 씨는 가시떨기 위에 떨어지게 되었는데 가시가 자라서 기운을 막았다. 그리고 일부의 씨는 좋은 땅에 떨어지게 되었다. 그런데 어떤 씨는 백 배의 열매를 맺게 되었다. 좋은 땅에 떨어진 어떤 씨는 육십 배의 결실을 맺었고 또 다른 씨는 삼십 배의 결실을 맺게 되었다.

[비유의 설명]

마태복음 13장에는 천국에 관한 일곱 가지 비유가 소개되고 있다.[53] 일곱 가지 비유 가운데 예수께서 비유의 내용을 설명한 것은 '씨 뿌리는 자의 비유' 와 '가라지 비유' 두 가지다. 두 비유에 대한 설명이 제자들의 요청으로 이루어졌다는 사실이 흥미롭다. 궁금한 것에 대한 질문은 배우는 자의 바른 자세일 것이다. 예수께서 "귀 있는 자는 들으라" 마태복음 13:9 말씀하시면서 비유를 마치자 제자들이 예수께 나아와 이렇게 질문한다. "어찌하여 그들에게 비유로 말씀하시나이까" 마태복음 13:10.

예수는 비유로 설명하는 이유를 두 가지로 말씀하시고 있다. 첫째, 천국의 비밀은 하나님의 계시를 받은 사람들에게만 이해된다. 여기서는 예수 그리스도의 제자들이다. 둘째, 나머지 사람들에게는 천국의 비밀이 수수께끼로 남게 된다.

"아무나 천국 말씀을 듣고 깨닫지 못할 때는 악한 자가 와서 그 마음에 뿌려진 것을 빼앗나니 이는 곧 길 가에 뿌려진 자요

돌밭에 뿌려졌다는 것은 말씀을 듣고 즉시 기쁨으로 받되

그 속에 뿌리가 없어 잠시 견디다가 말씀으로 말미암아 환난이나 박해가 일어날 때에는 곧 넘어지는 자요

가시떨기에 뿌려졌다는 것은 말씀을 들으나 세상의 염려와 재물의 유혹에 말씀이 막혀 결실하지 못하는 자요

좋은 땅에 뿌려졌다는 것은 말씀을 듣고 깨닫는 자니 결실하여 어떤 것은 백 배, 어떤 것은 육십 배, 어떤 것은 삼십 배가 되느니라" 마태복음 13:19-23.

[비유의 분석과 적용]

여기서 씨는 무엇을 말하는가? 씨는 천국 말씀, 즉 복음을 말한다. 베드로는 그의 서신에서 이렇게 말하고 있다. "너희가 거듭난 것은 썩어질 씨로 된 것이 아니요 썩지 아니할 씨로 된 것이니 살아 있고 항상 있는 하나님의 말씀으로 되었느니라" 베드로 전서 1:23. 바울도 이 씨를 복음으로 인식하고 있다. "이 복음이 이미 너희에게 이르매 너희가 듣고 참으로 하나님의 은혜를 깨달은 날부터 너희 중에서와 같이 또한 온 천하에서도 열매를 맺어 자라는 도다" 골로새서 1:6.

물론 씨를 뿌리는 자는 예수 그리스도와 그를 따르는 제자들이다. 씨를 뿌린 장소는 네 종류의 땅이다. 길가, 돌밭, 가시떨기, 그리고 좋은 땅이다.

길 가에 뿌려진 자는 어떤 사람을 의미하는가? 천국 말씀을 듣고 깨닫지 못하는 자이다. 말씀이 땅, 즉 그 마음에 전혀 들어가지 못하였다. 그래서 악한 자, 즉 사단이 와서 그 마음에 뿌려진 씨를 빼앗아 버렸다. 결실을 맺지 못했으니 아까운 씨만 버린 셈이다.

돌밭에 뿌려진 자는 말씀을 듣고 즉시 기쁨으로 받았다. 그러나 그 속에 뿌리가 없어 잠시 견디다가 말씀으로 인하여 환난이나 박해가 일어날 때에는 곧 넘어지는 자이다. 이 사람도 열매를 맺지 못하였다.

가시떨기에 뿌려진 자는 천국 말씀을 들으나 세상의 염려와 재물의 유혹에 말씀이 막혀 결실하지 못하는 자다. 천국에 대한 관심보다 이 세상에 대한 관심이 그 마음을 지배한다. 이런 사람은 하나님을 의뢰하고 사랑하기보다 재물을 의지하고 사랑한다. 그래서 열매를 맺지 못한다.

좋은 땅에 뿌려진 자는 말씀을 듣고 깨닫는 자다. 이런 사람은 결실을 맺어 어떤 것은 백 배, 어떤 것은 육십 배, 어떤 것은 삼십 배가 된다.

이 비유를 스크리닝에 적용해 보자. 씨는 농부에게는 종자며, 투자자에게는 종자돈 또는 자본이다. 그리고 땅은 씨를 뿌리는 곳이며 투자자에게는 종자돈을 투자하는 투자처이다. 이것은 기업도 될 수 있고 정부나 지방정부 또는 국제 기구도 될 수 있다. 씨를 뿌린 곳은 길가, 돌밭, 가시떨기, 그리고 옥토였다. 그런데 열매를 맺은 곳은 옥토뿐이었고 수익도 30배, 60배, 그리고 100배나 되었다.

이것을 주식이나 채권 투자에 적용한다면, 투명 경영과 같은 성경적 경영원리에 따라 경영을 하는 기업에 투자할 때 투자수익률이 높을 것이라고 유추할 수 있다. 따라서 길가, 돌밭, 가시떨기와 같이 비생산적인 기업에 투자하는 것을 배제하여야 한다. 여기서 네거티브 스크리닝의 원리를 도출할 수 있다. 그리고 좋은 땅과 같은 기업을 적극적으로 발굴하여 투자함으로써 높은 투자수익률을 올릴 수 있다. 이것이 포지티브 스크리닝의 원리가 된다.

[구약과 신약의 성공적인 투자 사례]

구약에 등장하는 큰 부자인 이삭은 실제로 농사를 통해 백 배의 결실을 맺었다. 창세기 저자는 이삭이 거부가 된 내용을 이렇게 요약하여 기록하고 있다. "이삭이 그 땅에서 농사하여 그 해에 백 배나 얻었고 여호와께서 복을 주시므로 그 사람이 창대하고 왕성하여 마침내 거부가 되어" 창세기 26:12-13.

솔로몬은 이렇게 기록하고 있다. "자기의 토지를 경작하는 자는 먹을 것이 많으려니와 방탕을 따르는 자는 궁핍함이 많으리라" 잠언 28:19.

예수 그리스도께서도 이 원리를 예수 그리스도와 복음을 위해 헌신하는 제자들에게 이렇게 적용하면서 약속하고 있다.

"내가 진실로 너희에게 이르노니 나와 복음을 위하여 집이나 형제나 자매나 어머니나 아버지나 자식이나 전토를 버린 자는 현세에 있어 집과 형제와 자매와 어머니와 자식과 전토를 백배나 받되 박해를 겸하여 받고 내세에 영생을 받지 못할 자가 없느니라" 마가복음 10:29-30.

[현실 속의 성공적인 투자 사례]

우리는 주식투자를 할 때 실제로 30배, 60배, 그리고 100배의 수익을 올리고 있는 기업을 찾을 수 있는가? 그렇다. 한두 예만 들어보자. 윤리경영을 표방하는 신세계의 경우, 2008년 1월 29일 현재 종가기준으로 599,000원이다. 이 주식의 액면가가 5,000원인 것을 감안하면 현 주가는 액면가의 100배를 훨씬 넘는 가격이다. 또 다른 예를 하나 더 든다면 포스코이다. 2008년 1월 29일 종가기준으로 이 기업의 주가도 502,000원이다. 이 기업의 액면가도 5,000원인 것을 감안하면 현 주가는 액면가의 100배나 되는 셈이다.

[네거티브 스크리닝]

사회 책임 투자자는 투자를 할 때 스크리닝으로부터 시작한다. 스크리닝에는 네거티브 스크리닝과 포지티브 스크리닝의 두 가지 접근법이 있다. 네거티브 스크리닝은 배척하는 기준을 설정하여 이 기준에 해당하는 기업은 투자대상에서 제외하는 방법이다. 전통적으로 여기서 해당하는 것은 무기, 알코올, 담배, 그리고 도박이다. 즉 이러한 제품을 생산하는 기업은 아무리 수익률이 높더라도 투자하지 말아야 한다.

핵 발전을 하거나 도박장을 운영하는 업체 또는 도박장 시설을 공급하는 기업도 기피대상이다.[54] 이렇게 특정 기업을 기피하는 방식을 취하는 네거티브 스크리닝은 단순해 보이지만 실제로는 생각보다 복잡하다. 예컨대, 미국에서 사회책임투자에 흔히 적용되는 기준에 따르면 담배는 기피대상이지만 담배를 파는 가게는 기피대상이 아니다. 그럼에도 불구하고 사회책임투자자는 담배를 팔아서 과도한 이익을 남기는 가게를 기피하는데, 그 이유는 가게에 대한 투자가 사회책임투자 스크리닝의 목적에 배치된다고 보기 때문이다. 다른 네거티브 스크리닝에도 동일한 이야기를 할 수 있다.

[네거티브 스크리닝 적용 사례]

SRI 펀드에 네거티브 스크리닝을 어떻게 적용하고 있는지를 살펴보면 이 원리를 보다 잘 이해할 수 있다. 먼저 도미니 사회 주식형 펀드Domini Social Equity Fund의 예를 들어보자.[55] 이 펀드는 알코올 음료 제조업체들을 투자대상에서 배제하는 동시에 알코올 음료의 소매 판매에서 나온 이익이 회사 전체 이익의 15%를 넘는 기업도 투자대상에서 배제한다. 이 기준은 알코올 음료 생산 과정에서 사용되는 증류된 옥수수 주정과 같은 제품을 판매하는 농업 기업들도 배제한다. 보리나 포도처럼 가공처리 되지 않은 농산물 공급업체일지라도 수익의 15% 이상이 알코올 음료 제조업체에 농산물을 파는 데서 나온 수익이라면 비공식적으로 투자대상에서 제외된다.

캘버트 사회적 펀드들은 무기산업에 대해 스크리닝할 때도 비슷한 사고방식을 적용한다. 이 회사의 SRI 펀드들은 무기생산에 상당한 관여를 하고 있는 기업들에는 투자하지 않는다. 또한 무기 계약액이 연간 총매출액의 10%를 넘는 기업도 투자대상에서 제외한다. 캘버트 회사의 SRI 펀드는 특히 미국 국방부의 무기조달 계약 시장에서 차지하는 비중으로 상위 85%에 해당하는 기업들과 핵무기 계약 시장에서 상위 90%에 해당하는 기업들에는 투자하지 않는다.

[문제 산업을 어떻게 다루는가?]

사회책임투자자는 문제가 있는 산업들을 어떻게 다루는 것이 최선인가를 놓고 고민한다. 대부분의 경우 문제가 있는 산업들을 투자 대상에서 완전히 배제하는 방향으로 결론을 내린다.[56] 어떤 투자자들은 일부 산업은 투자를 기피하고 일부 산업에 대해서는 투자 비중을 낮춘다는 결론을 내리기도 한다.

석유 산업의 예를 들어보자. 인류는 석유를 주된 에너지원으로 활용해 왔다. 그러나 석유를 연료로 사용하는 것은 우리가 살고 있는 자연 환경에 매우 해로운 영향을 끼친다. 배기가스와 온실 효과로 인해 우리가 아는 형태의 삶 자체가 더 이상 존속할 수 없는 환경 여건이 나타날 것이라는 점은 이제 거의 분명해졌다. 그럼에도 불구하고 석유 소비는 매년 증가하고 있고 뚜렷한 대안은 등장하지 않고 있다. 이런 어려운 문제에 대해 어떤 사회 책임 투자자는 석유 산업 전체를 투자 대상으로 기피한다. 또 다른 사회 책임 투자자는 석유 산업에 대한 투자 비중을 크게 낮추는 방식으로 대응을 하고 있다.

육류 산업도 환경에 해악을 끼치는 문제를 일으키는 산업이 되고 있다.[57] 존스 홉킨스 대학 보건학부에 있는, '살 만한 미래를 위한 연구 센터' 는 가축생산 산업이 인간의 건강과 자연환경에 끼치는 영향을 비롯한 가축 생산 산업의 모든 측면들에 대한 연구와 토론을 벌이는 프로젝트를 시작했다. 이 프로젝트의 책임자인 데이비드 브루박커 박사는 "우리가 먹기 위해 동물을 기르는 방식이 지구를 위협하고 있다. 그것은 다량의 물과 곡물, 석유, 농약, 약품 등을 사용함으로써 자연환경을 오염시킨다" 고 지적했다. 그는 5,000마리 규모의 돼지 사육농장에서 인구 5만 명인 도시보다 더 많은 배설 폐기물을 발생하지만 그 처리 방법은 훨씬 더 원시적이라고 지적한다. 사회책임투자자는 육류 산업에 대해서도 그것을 완전히 기피하거나 투자 비중을 낮추고 있다.

[채권에 적용한 사례]

네거티브 스크리닝은 주식에도 적용할 수 있지만 채권에도 적용가능하다.[58] 채권에 적용한 사례를 두 가지 들어보자.

먼저 사회책임투자자가 미국의 국채에 투자하지 않은 예를 살펴보자. 지방 자치단체와 정부는 주식을 발행하지는 않지만 채권은 발행한다. 그리고 기업과 마찬가지로 지방 자치단체와 정부도 평가를 받는다. 사회 책임 투자자는 정부가 보증하는 채권들 가운데 특정한 것에 대해서는 투자를 기피하기도 한다. 예컨대, 미국 정부의 예산 중 지나치게 많은 몫이 무기구입 등 군사 목적에 배정되기 때문에 대부분의 사회 책임 투자자는 미국이 발행하는 국채에 투자하지 않는다.

사회 책임 투자자가 세계 은행이 발행한 채권도 투자 대상으로 기피한 예도 있다. 세계 은행이 도와 주어야 할 사람들을 오히려 곤경에 빠뜨리는 프로젝트를 지원하고 있다고 보기 때문이다. 멕시코가 더 이상 외채를 상환할 수 없게 됐다고 발표해 세계를 놀라게 한 1982년 이래 세계은행은 많은 가난한 국가들에게 기존 채무를 경감시켜 주는 대가로 신규 융자를 받도록 강요했다. 그런데 이들의 기존 채무는 원래 국가가 빌린 것이 아니었다. 그 나라의 부패한 정치지도자나 무능한 기업인들이 터무니없는 사업계획을 만들고 그것을 이용해서 세계은행에서 돈을 빌려 착복했거나 그 사업이 실패함에 따라 국가가 떠안게 된 채무다. 세계은행은 책임있는 금융기관이라면 애당초 하지 않았을 대출을 하고 난 후, 절망적으로 가난한 상태에 빠져있는 나라들에게 그 돈을 갚으라고 요구한다.

[네거티브 스크리닝의 한계]

바람직하지 못한 기업이나 산업을 투자대상에서 제외하는 것은 스크리닝의 중요한 첫 걸음이다. 이것이 비록 사회책임투자의 핵심이긴 하지만 갈수록 늘어나는 기피대상 목록에 들어가는 것들을 기피하는 것만 강조하는 태도는 불합리하다. 그래서 사회책임투자의 흐름은 이해관계자들이 긍정적인 영향력을 발휘해야 한다는 점을 강조하는 쪽으로 가고 있다. 물론 긍정적인 것에 대한 강조는 부정적인 것에 대한 회피를 내포하고 있긴 하다.

[포지티브 스크리닝]

술, 담배, 도박, 군수품 등의 해로운 제품을 판매하거나 환경 파괴적이고 반 인권 논란을 일으킨 기업에 대한 투자를 피하는 스크리닝을 네거티브 스크리닝이라 한다. 이와는 달리 사회에 긍정적인 영향을 주는 기업을 적극적으로 가려내 투자를 늘리는 것을 포지티브 스크리닝이라 한다.

포지티브 스크리닝은 질적인 스크리닝이라고 하기도 한다. 이렇게 부르는 이유는 포지티브 스크리닝이 기업을 평가하기 위해서는 그 기업에 대한 질적인 조사연구가 이루어져야 하기 때문이다.

헤링턴은 포지티브 스크리닝을 하기 위해 사회책임투자자에게 여러 가지 기준을 나열한 리스트를 제시하고 그 우선순위를 열 가지 척도로 표시하도록 하고 있다.[59]

- 지역에 자선 기부를 한 기록이 있는 기업과 지역 재투자 실적이 탁월한 금융기관
- 환경조직을 지원하는 기업
- 이사회에 여성 이사나 소수 인종이 포함되고 있는 기업
- 사회적 책임 정보에 대한 공시 기록을 가진 기업
- 깨끗한 환경에 대한 헌신을 약속한 기업
- 일터에서 편부와 편모, 어린이 돌보기, 여성을 지원하는 정책을 가진 기업
- 광고정책이 여성이나 소수 인종에 대한 긍정적인 이미지를 지원하는 기업
- 대체 에너지원을 개발하거나 사용하는 기업
- 좋은 제품과 서비스를 생산하는 기업
- 종업원 복지와 작업장의 민주화에 헌신하는 기업

[개인 투자자의 스크리닝 적용]

스크리닝을 가장 쉽게 적용하는 방법은 SRI 펀드에 투자하는 것이다. 이미 자산 운용사에서 풍부한 연구 인력을 사용하여 사회 책임 기준에 맞는 기업의 주식을 투자 포트폴리오에 포함시켜 포트폴리오를 구성하였기 때문이다. 그러나 사회 책임 투자자가 개인적으로 포트폴리오를 구성하고자 할 때에도 스크리닝을 적용할 수 있다. 간단한 방법을 알아보자.

만약 당신이 어떤 특정한 기업에 관심이 있고 그 기업의 사회적

책임성에 대한 과거의 기록을 알고 싶다면 그 기업의 영업보고서를 찾아 읽어보는 것이 좋은 첫 걸음이다. 오늘날 대부분의 기업들은 이런 자료를 자사 웹 사이트에 올려놓는다. 따라서 누구든지 자신이 관심을 갖게 된 기업의 정보가 필요하면 그 기업의 웹 사이트를 방문하면 된다.

또한 그 기업에 대한 뉴스를 인터넷으로 검색해보는 것도 한 방법이다. 일간지나 경제 신문에 최근 게재된 기사를 검색할 필요가 있다. 최근에 보도된 뉴스의 제목만 훑어봐도 그 기업의 성격을 상당히 파악할 수 있다.

어떤 주식을 사야 할지 잘 모르겠다면 가장 먼저 사회책임투자 전문 사이트를 방문하는 것이 좋다. 예컨대, 미국의 경우 사회적 투자 포럼www.socialinvest.org이나 소셜 펀즈 닷 컴www.socialfunds.com은 사회적 기준에 따라 운영되는 미국의 모든 뮤추얼 펀드의 사이트를 찾아갈 수 있도록 연결돼 있다.

[사회적 스크리닝의 한계와 효과]

독점행위나 공격적인 마케팅 관행과 같은 이윤추구 체제의 핵심과 직결된 쟁점들을 다루는 데는 사회적 스크리닝이 별로 효과가 없는 것 같아 스크리닝의 한계를 느끼게 만든다.[60] 이런 쟁점들을 다루는 일은 정부나 지역사회에 맡기는 것이 더 낫다.

마이크로소프트에 정부가 제기한 소송을 이런 사례로 들 수 있다. 마이크로소프트 사건 이전에도 독점행위를 한 기업들은 많았지만 파장이 크지 않았다. 마이크로소프트 사건은 컴퓨터와 인터넷을 독점하는 행위가 사회에 끼치는 해악이 얼마나 크고 중대한가를 부각시켰다. 그런데 마이크로소프트의 독점행위에 대한 혐의가 입증된 뒤에도 사회적 뮤츄얼 펀드와 그 밖의 다른 포트폴리오 운용회사들이 자사의 투자 포트폴리오에서 마이크로소프트 주식을 제외시키려고 하지 않았다.

공격적인 마케팅을 하는 유통업체에 대한 스크리닝 기업은 아직 제대로 개발되지 못했다. 홈 데포의 등장으로 인해 골목길의 철물점이 사라진 것을 개인적으로 아쉬워할 사람들이 많겠지만 홈 데포는 자본주의의 성공사례다. 이런 성공적인 기업에 대해 사회책임투자자가 할 수 있는 일은 이 회사가 지역사회에 대한 기여, 제품생산의 외주 하청, 노동자의 고용과 교육훈련, 지구의 자연환경 보호 등에서 보다 높은 기준을 수용하고 실천하도록 하는 일이다.

투자 포트폴리오에 대한 스크리닝은 많은 효과를 가져다준다. 스크리닝은 기업의 책임성 관련 정보에 대한 시장수요를 창출함으로써 기업의 영향에 대한 기초적인 조사활동이 지속적으로 이루어지도록 한다. 또한 그것은 투자자들로 하여금 자신의 개인적인 가치에 더욱 부합하는 투자를 할 수 있게 해 준다. 스크리닝은 우리가 함께 대처해야 할 많은 문제들에 관해 기업과 사회가 대화를 나눌 수 있는 바탕을 마련해 준다. 일반적으로 사회적 스크리닝은 긍정적인 사회변화를 즉각적으로 가져다 주지는 않지만 그 자체가 민감한 일인데다가 전략적인 특성을 가지고 있어 사회 변화를 가져오는 매우 강력한 수단이 된다.

투자 포트폴리오 스크리닝은 더 나은 내일을 건설하는 데 매우 중요하다. 스크리닝 과정은 기업, 지역사회, 활동가, 조사연구자들 사이에 지속적인 대화를 촉진한다. 세계적으로 문제가 되고 있는 논쟁에 관한 자료 수집을 가능하게 해 준다. 대부분의 사회책임투자자에게 포트폴리오 스크리닝은 그 밖의 다른 행동을 하는 근본이 된다.

chapter 08
정리를 위한 토론문제

1. 저자는 마태복음 13장 3절부터 9절까지에 소개되고 있는 '씨뿌리는 자의 비유'를 통해 스크리닝 전략의 원리를 배울 수 있다고 주장하고 있습니다. 우선 이 비유를 읽고 그 내용을 요약해 봅시다.

2. 씨뿌리는 자의 비유를 분석하고 이것을 어떻게 스크리닝의 원리(네거티브 스크리닝과 포지티브 스크리닝)를 도출하고 있는지 구체적으로 설명해 봅시다.

3. 이 장에서 성경과 현실에서 성공적인 투자 사례를 여러 가지 소개하고 있는데 그 내용을 각각 말해 봅시다. 또한 여기서 소개하지 않은 사례를 알고 있다면 함께 나누어 봅시다.

4. 네거티브 스크리닝을 설명하고 이것을 적용하는 예를 하나 들어 설명해 봅시다.

5. 이 장에서 저자는 네거티브 스크리닝은 주식에도 적용할 수 있지만 채권에도 적용가능하다고 말하고 있습니다. 채권에 적용한 사례를 하나 들고 설명해 봅시다.

6. 포지티브 스크리닝이 무엇인지 간단히 설명하고 이때 적용하는 사회적 기준을 아는 대로 말해 봅시다.

7. 사회적 스크리닝의 한계를 말해 봅시다. 그리고 스크리닝의 효과에 대해서도 두 가지 이상 말해 봅시다.

chapter 09

기업과의 직접대화

"그런즉 너희는 먼저 그의 나라와 그의 의를 구하라
그리하면 이 모든 것을 너희에게 더하시리라" 마태복음 6:33

But seek first his kingdom and his righteousness,
and all these things will be given to you as well.

사회책임투자가 활용할 수 있는 두 번째 전략은 기업과의 직접대화이다. 기업과의 직접대화는 투자자가 주주의 입장에서 기업 경영진에게 사회적 책임성에 신경을 더 많이 쓰도록 하는 것이다.

[기독교 세계관과 기업의 이해]

우리의 삶은 어떤 형태로든 기업과 연결되어 있다. 따라서 기업에 대한 바른 이해를 하는 것이 중요하다. 기업을 기독교 세계관에서 제시해 온 창조-구속-타락이라는 틀로 이해할 수 있다.[61]

창조의 맥락에서 기업이란 경작하고 다스리는 창조명령과 문화명령을 수행하여 하나님의 형상대로 지음을 받은 사람들을 섬기는 중요한 통로가 되고, 하나님의 피조세계를 잘 경영하여 세상을 유지하고 보존하는 역할을 감당하는 기관이다.

사람으로 구성된 기업은 아담의 타락으로 인하여 개인 차원의 사람과 조직 차원에 동일하게 영향을 미쳐 기업 활동이 왜곡되었다. 이런 타락은 기업의 본질적인 의미를 손상시켜 기업의 하나님을 향한 목적과 사람을 향한 목적, 그리고 자연을 향한 목적에 부정적인 영향을 주었다. 따라서 타락한 기업은 창조 질서로의 회복이 필요하다. 이것은 개인과 조직이 모두 하나님의 말씀으로 구원받아야 한다는 것을 의미한다. 이런 기업의 회복은 성경적 규범 원리의 적용을 통해 가능하다.

[기업의 소금과 빛]

이제 기업도 기독교 세계관의 관점에서 창조질서로의 회복이 필요하다는 것을 알았다. 보다 구체적으로 기업과의 직접대화를 통해 창조질서를 회복할 수 있다. 먼저 근거가 될 수 있는 성경 말씀을 살펴보자.

예수 그리스도는 산상수훈에서 "너희는 세상의 소금이니 소금이 만일 그 맛을 잃으면 무엇으로 짜게 하리요 후에는 아무 쓸데 없어 다만 밖에 버려져 사람에게 밟힐 뿐이니라" 마태복음 5:13고 말씀하신다. 예수 그리스도를 따르는 자는 세상의 소금, 즉 기업에서도 소금이다. 소금은 음식의 맛을 내는 데 사용된다. 또한 고대에는 소량의 소금을 비료로 사용하기도 하였다.[62] 무엇보다도 소금은 방부제로 사용된다. 따라서 그리스도인은 기업에서도 그 맛을 잃지 말고 그리스도의 가치관으로 살 때 기업의 부패를 방지하는 역할을 할 수 있다.

예수 그리스도는 우리를 세상의 소금이라고 선언한 후에 바로 이어서 "너희는 세상의 빛이라" 마태복음 5:14고 말하고 있다. 그래서 기업에서 활동하고 있는 모든 사람들이 빛인 우리를 바라보게 된다. 성경에서 빛은 자주 불결에 대한 반대의 의미로 순결을, 거짓이나 무지에 대한 반대의 의미로 진리와 지식을, 그리고 하나님의 징계와 영벌에 대한 반대의 의미로 하나님의 계시와 임재를 상징하고 있다.[63]

사람이 등불을 켜서 등경 위에 두는 이유는 기업이라는 집 안에 있는 모든 사람에게 비치게 하기 위해서다. 원래 예수 그리스도가 큰 빛이요, 참 빛이다.[64] 그리고 예수 그리스도를 따르는 자는 새로운 빛이 되는 것이다. 그래서 바울은 에베소 성도들에게 이렇게 말한다. "너희가 전에는 어둠이더니 이제는 주 안에서 빛이라 빛의 자녀들처럼 행하라" 에베소서 5:8.[65]

우리 그리스도인은 활동하고 있는 학교나 기업, 그리고 사회에서 소금과 빛으로서의 역할을 감당해야 한다. 소금은 녹아서 맛을 내고 보존하는 소극적인 기능이 있다. 그러나 빛은 어두움을 물리치고 밝히는 기능 외에도 성장, 치료, 회복의 적극적 기능을 가지고 있다.

[주기도문, 하나님의 나라, 그리고 기업]

마태복음 6장 9절부터 13절까지에 소개되고 있는 주기도문은 예수께서 제자들에게 가르쳐주신 기도의 모범이다.

"그러므로 너희는 이렇게 기도하라
하늘에 계신 우리 아버지여 이름이 거룩히 여김을 받으시오며
나라가 임하시오며 뜻이 하늘에서 이루어진 것 같이 땅에서도 이루어지이다
오늘 우리에게 일용할 양식을 주시옵고
우리가 우리에게 죄 지은 자를 사하여 준 것 같이 우리 죄를 사하여 주시옵고
우리를 시험에 들게 하지 마시옵고 다만 악에서 구하시옵소서
나라와 권세와 영광이 아버지께 영원히 있사옵나이다 아멘"

주기도문은 서론과 여섯 가지의 간구, 그리고 송영 세 부분으로 구성되어 있다. 서론은 기도의 대상이다. 우리는 하늘에 계신 우리 아버지께 기도를 한다. 이것은 나와 하나님과의 개인적인 관계를 나타낸다. 우리가 육신의 아버지를 부르며 우리가 바라는 것을 말하듯이 영적인 아버지 되시는 하나님께도 개인적으로 우리가 바라는 것을 말해야 한다.

그 다음에 여섯 가지 간구의 내용이 나온다. 처음 세 가지 간구는 '하나님의 나라'를 구하는 것이고 다음 세 가지는 '하나님의 의'를 구하는 기도이다.

[하나님의 나라를 구하는 기도]

하나님의 나라를 구하는 첫 번째 기도는 하나님 아버지의 이름이 거룩히 여김을 받도록 간구하는 것이다. 하나님의 이름은 하나님이 어떤 분이신가를 나타낸다. 하나님의 이름은 하나님이 어떤 분인가를 말하며 또한 그 자신을 계시하셨기 때문에 그 이름은 거룩하다. 따라서 "이름이 거룩히 여김을 받으시오며"라고 기도하는 것은 하나님이 거룩하게 되도록 구하는 것이 아니라 하나님의 형상으로 지음을 받은 사람이 하나님을 거룩하게 여기도록 구하는 것이다. 또한 이 간구는 하나님의 형상으로 창조된 사람들의 생각이나 행동으로 하나님의 이름을 멸시하지 않도록 간구하는 것이다.[66]

하나님의 나라를 구하는 두 번째 간구는 "나라가 임하시오며"로 되어 있다. 이것은 우리의 삶이 지배를 받고 있는 하나님 나라의 주권과 통치를 의미한다. 하나님의 나라는 그리스도의 사역으로 이미 시작되었으나 이 세상의 끝이 될 때까지 완성되지는 않는다. 따라서 하나님의 나라가 임하게 해달라는 간구는 사람들이 하나님께 순종하고 경배하며 이미 구원의 종말론적 축복을 맛보게 됨에 따라 하나님의 구원과 다스림이 지금 확장되게 해달라고 구하는 것이다. 또한 동시에 이 간구는 하나님 나라의 완성을 구하는 것이다.[67]

하나님의 나라를 구하는 세 번째 간구는 "뜻이 하늘에서 이루어진 것 같이 땅에서도 이루어지이다" 마태복음 6:10이다. 하나님의 뜻은 "선하시고 기뻐하시고 온전하시다" 로마서 12:2. 이 간구는 세 가지의 간구를 의미하는 것으로 보아야 한다. 첫째, 하나님의 뜻이 지금 하늘에서 이루어지고 있는 것과 같이 지금 이 땅에서도 이루어져야 한다. 둘째, 하나님의 뜻이 하늘에서 지금 이루어지는 것처럼 이 땅에서도 궁극적으로 완전히 이루어져야 한다. 셋째, 하나님의 뜻은 지금 하늘에서 이루어지고 있는 것과 동일한 방법으로 이 땅에서도 궁극적으로 이루어져야 한다.[68]

[하나님의 의를 구하는 기도]

하나님의 나라를 구하는 기도와 마찬가지로 하나님의 의를 구하는 기도도 세 가지 간구로 되어 있다. 이 세 간구는 명확하게 우리 자신을 위한 것들을 구하는 것이다. 이 가운데 첫째 간구는 "오늘 우리에게 일용할 양식을 주시옵고"마태복음 6:11이다. 여기서 양식은 모든 음식에 다 사용되는 용어이다. 초기의 많은 선조들은 여기서 육신적 양식을 말하는 것은 부적절한 것으로 생각하고 이것을 '주님의 성찬'이나 하나님의 말씀을 나타내는 것으로 해석했다. 그러나 이러한 해석은 맞지 않다. 여기서 말하는 양식은 진짜 음식을 말하고 더 나아가서는 육신적 영역에서 필요한 모든 것을 암시하고 있다Luther.[69]

또한 이 기도는 우리의 필요를 위한 기도이지 우리의 욕심을 위한 기도는 아니다. 이 기도는 하루의 양식을 구하는 것이다. 1세기의 많은 노동자들은 한 번에 하루의 일당을 받아서 생활하는 사람들이었기 때문에 이들이 수일간 아프게 되면 비극을 초래하게 되었다. "오늘 우리에게 일용할 양식을 주시옵고"의 기도가 서구의 독자들에게는 불필요하게 들릴 수도 있지만 하루 벌어서 하루 먹어야 하는 사람에게는 이 기도는 아주 귀하고 긴급한 것이다.

하나님이 우리에게 양식을 준다는 생각이 사람의 일할 책임을 감소시켜주는 것은 결코 아니다. 오히려 이것은 예수 그리스도의 제자는 한 번에 하루 단위로 생활해야 한다는 것을 전제하고 있고, 양식을 위해 일하고 버는 것을 포함한 모든 좋은 것이 하나님의 손에서 온다는 사실을 전제하고 있다.

모세가 이스라엘 백성들에게 이렇게 말하고 있다. "네 하나님 여호와를 기억하라 그가 네게 재물 얻을 능력을 주셨음이라" 신명기 8:18 상반절. 바울도 고린도 전서에서 이렇게 말하고 있다. "누가 너를 남달리 구별하였느냐 네게 있는 것 중에 받지 아니한 것이 무엇이냐 네가 받았은즉 어찌하여 받지 아니한 것 같이 자랑하느냐" 고린도 전서 4:7. 이것은 재물이 늘어나서 절대적 자족이 미덕으로 표현될 때 우리가 쉽게 잊어버릴 수 있는 교훈이다.

[양식 외에 필요한 용서]

둘째 간구는 "우리가 우리에게 죄 지은 자를 사하여 준 것 같이 우리 죄를 사하여 주시옵고" 마태복음 6:12이다. 하나님의 나라를 구하는 세 가지 간구는 서로 독립적이지만 하나님의 의를 구하는 세 가지 간구는 서로 연결되어 있다. 우리의 생명이 지탱되는 것은 양식만으로는 충분하지 않다. 죄의 용서도 필요하고 시험으로부터 구원받는 것도 필요하다.

이 간구를 자세히 분석해 보면 우리의 죄에는 두 가지가 있다는 것을 알 수 있다. 우리가 하나님께 지은 죄와 다른 사람이 우리에게

짓는 죄가 있다. 마태가 죄를 빚의 개념으로 묘사하고 있다는 사실을 우리는 주목할 필요가 있다. 특히 죄의 용서를 제대로 이해하기 위해서는 마태복음 18장 21절부터 35절에 나오는 말씀을 잘 이해해야 한다. 베드로가 나아와 예수께 이런 질문을 한다.

"주여 형제가 내게 죄를 범하면 몇 번이나 용서하여 주리이까 일곱 번까지 하오리이까" 마태복음 18:21.

예수님의 대답은 이렇다.

"네게 이르노니 일곱 번뿐 아니라 일곱 번을 일흔 번까지라도 할지니라" 마태복음 18:22.

베드로의 용서에 대한 질문을 보다 철저하게 설명하기 위해서 예수 그리스도는 천국의 비유인 '무자비한 종의 비유' the Parable of the Unmerciful를 들고 있다. "그러므로 천국은 그 종들과 결산하려 하던 어떤 임금과 같으니" 마태복음 18:23.

이 비유의 내용을 간단히 정리해 보자.

주인이 결산할 때에 만 달란트 빚진 자 하나를 데려왔는데 주인이 그 종에게 "그 몸과 아내와 자식들과 모든 소유를 다 팔아 갚게 하라"고 말했다. 그러나 그 종이 엎드려 절하며 "내게 참으소서 다 갚으리이다" 말했을 때 주인이 불쌍히 여겨 그 종을 놓아 보내며 그 빚을 탕감하여 주었다.

여기서 우리는 일만 달란트의 빚이 얼마나 큰 금액인지 확인해 볼 필요가 있다. 한 달란트가 6,000 데나리온인 것을 감안하면 노동자가 20년 벌어서 아무것도 쓰지 않고 모아야 되는 큰 금액이다.[70] 그렇다면 일만 달란트는 우리가 평생 벌어도 도저히 갚을 수 없는 엄청난 크기의 빚이다. 이 엄청난 죄의 빚을 하나님이 탕감하여 주신 것이다!

그런데 그 빚을 탕감받은 종이 자기에게 일백 데나리온 빚진 사람이 형편이 어려워 빚을 갚을 수 없게 되자 그 작은 빚을 탕감하여 주지 않고 그를 옥에 가두도록 하였다. 이 종은 자신이 하나님으로부터 엄청난 죄의 빚을 탕감받은 사실을 까맣게 잊어버리고 자신에게 작은 잘못을 한 형제의 허물은 용서하지 못하는 무자비한 종이 되고 말았다.

그래서 그 동료들이 그것을 보고 몹시 딱하게 여겨 주인에게 가서 그 일을 다 알리게 되었고 주인은 그를 불러다가 이렇게 말하였다. "악한 종아 네가 빌기에 내가 네 빚을 전부 탕감하여 주었거늘 내가 너를 불쌍히 여김과 같이 너도 네 동료를 불쌍히 여김이 마땅하지 아니하냐" 마태복음 18:33. 결국 주인이 노하여 그 빚을 다 갚도록 악한 종을 옥졸들에게 넘기게 되었다.

예수 그리스도의 용서에 대한 가르침은 분명하다. "너희가 각각 마음으로부터 형제를 용서하지 아니하면 나의 하늘 아버지께서도 너희에게 이와 같이 하시리라" 마태복음 18:35.

"만일 우리의 눈이 우리가 하나님께 지은 죄의 크기가 엄청난 것을 볼 수 있도록 열린다면 다른 사람이 우리에게 입힌 상처는 비교적 작은 것으로 여겨진다. 반대로 만일 우리가 다른 사람의 잘못을 과장되게 보고 있다면 그것은 우리가 우리의 죄를 최소화하고 있다는 것을 증명하는 것이다."[73]

[시험에 들게 하지 마시고]

하나님의 의를 구하는 세 번째 간구는 "우리를 시험에 들게 하지 마시옵고 다만 악에서 구하시옵소서" 마태복음 6:13이다. 여기서 말하는 시험이란 무엇인가? 두 가지로 나누어 이해할 필요가 있다.[72] 첫째, 테스트의 성격이 있다. 둘째, 사탄으로부터 오는 시험이 있다. 전자는 하나님으로부터 온다. 이것은 학생들을 공부시킨 다음에 얼마나 그 실력이 향상되었는가를 확인하기 위해 시험을 치르는 것과 같다. 예컨대, 창세기 22장에서 하나님이 아브라함의 신앙을 시험하기 위해 독자 이삭을 제물로 바치도록 한 것이나, 고린도 전서에 나오는 시험과 같은 경우이다. "사람이 감당할 시험 밖에는 너희가 당한 것이 없나니 오직 하나님은 미쁘사 너희가 감당하지 못할 시험 당함을 허락하지 아니하시고 시험 당할 즈음에 또한 피할 길을 내사 너희로 능히 감당하게 하시느니라" 고린도 전서 10:13.

후자는 하나님께로 오는 시험이 아니라 사탄에게서 오는 시험을 말한다. 이것은 test가 아니라 temptation이다. 이것은 시험이라기보다 죄를 짓도록 유혹하는 것을 말한다. 사탄이 예수 그리스도께서 40일간 굶주리실 적에 시험을 한 경우나 바울이 고린도 교회에 경고하는 경우가 이에 해당한다. "서로 분방하지 말라 다만 기도할 틈을 얻기 위하여 합의상 얼마 동안은 하되 다시 합하라 이는 너희가 절제 못함으로 말미암아 사탄이 너희를 시험하지 못하게 하려 함이라" 고린도 전서 7:5.

[시험의 방법과 승리하는 비결]

그런데 시험은 어떻게 우리에게 찾아오는가? 첫째, 기본적으로 하찮은 것에서부터 찾아오는 경우가 많다. 예를 들면, 성도가 주일 예배를 참석하지 못하게 하는 것이다. 둘째, 우리 자신이 연약할 때 찾아오기도 한다. 예컨대, 하와가 홀로 있을 때 사탄이 선악과를 따 먹도록 유혹하였다. 셋째, 사탄은 우리의 연약한 부분을 공격한다. 어떤 사람에게는 명예, 또 어떤 사람에게는 돈, 다른 사람에게는 섹스가 약한 부분이 될 수 있다. 넷째, 사탄은 약한 부분뿐만 아니라 강한 부분도 공격한다는 사실을 기억해야 한다. 그래서 사도 바울은 고린도 교회에 이렇게 경고하고 있다."그런즉 선 줄로 생각하는 자는 넘어질까 조심하라" 고린도 전서 10:12.

그렇다면 이 사탄의 유혹을 이떻게 이길 수 있을까? 먼지 자신의 약한 부분을 알고 조심해야 한다. 둘째, 시험은 그대로 있는 것이 아니라 발전하기 때문에 그 근원을 추적해야 한다. 셋째, 말씀을 상고해야 한다. 마지막으로 주기도문에 있는 대로 "우리를 시험에 들게 하지 마시옵고 다만 악에서 구하시옵소서"하고 쉬지 말고 기도해야 한다.

요컨대, 하나님의 나라와 하나님의 의를 구하는 여섯 가지 간구는 마태복음 6장 33절로 요약할 수 있다. "그런즉 너희는 먼저 그의 나라와 그의 의를 구하라 그리하면 이 모든 것을 너희에게 더하시리라." 우리가 기업에서 주주의 부를 먼저 구할 것이 아니라 하나님의 나라와 의를 먼저 구해야 한다. 그럴 때 하나님은 우리가 구하지 않은 경제적 부를 덤으로 주실 것이다.

[SRI의 두 번째 전략]

이제 주식을 소유한 주주의 입장에서 사회책임투자의 구체적인 실행방법인 기업과의 직접대화 또는 주주 행동주의의 내용을 배워보자.

그런데 주주행동주의shareholder activism란 무엇을 말하는가? 이것은 주주들이 배당금이나 시세차익에만 주력하던 관행에서 벗어나 소유권을 바탕으로 경영에 개입하여 이익을 추구하는 행위를 말한다. 주주행동주의는 주로 기업부실 책임추궁, 경영투명성 제고 요구 등으로 나타난다.

먼저 주주행동주의가 대두된 배경을 간단히 살펴보자.[73] 한국에서도 IMF 외환위기 이후에 기업의 대주주와 소액주주간의 갈등이 증폭되고 있다. IMF 외환위기가 발생하자 경제정책이 IMF의 지도와 간섭을 받게 되자 정부는 개혁 드라이브를 추진하고 급격한 제도변경을 추진하였다. 또 대기업의 경영실적이 악화되고 구조조정이 불가피하게 되자 지배구조 문제가 나타났다. IMF 사태로 기업의 경영실적이 크게 악화되면서 그동안 주요 의사결정에서 소외되었던 소액주주들은 주주로서 권익에 대한 자각이 일어나고 시민운동을 전개하기에 이르렀다. 이와 함께 자본시장 개방으로 지분율이 높아진 외국인 투자자들은 말할 것도 없고 국내 중요 기관투자자들도 의결권 행사에 보다 적극적이 되었다.

[선진국의 주주행동주의 발전과정]

미국 소액주주운동은 대체로 세 단계로 발전하였다. 1단계는 주주들이 배당금과 시세차익에 관심을 집중하던 시기였다. 이것은 자본주의 초기인 1970년대가 이 단계에 해당한다. 주주들은 단기로 주식을 보유하였고 주권행사에 소극적이었다.

2단계는 1970년에서 1980년대에 이르는 시기였다. 이때는 주주들이 사회운동과 결합하여 대표소송이 급증하였다. 또한 M & A 위주의 단기매매를 반성하고 주식보유기간이 이전보다 길어졌다.

3단계는 1990년대 이후의 시기다. 주주의 경영개입이 늘어났고 기업 가치를 무엇보다 우선적인 목표로 삼았다. 기관투자자의 역할이 이전보다 증대되었다. 주주들이 투자수익 보호를 위해 적극적으로 기업경영에 관여하고 있었다.

[주주의 권리를 활용한 행동기회]

주주행동주의는 기업경영진과 직접대화로 이루어진다. 그런 의미에서 주주행동주의를 '기업과의 직접대화' 로 부를 수 있다. 우리는 어느 기업의 주주가 됨으로써 다양한 주주의 권리를 활용할 뿐만 아니라 회사 경영진과 조직적인 대화를 통해서 그 기업의 비즈니스 방법에 직접적인 영향을 미칠 수 있는 기회를 가질 수 있다.[74]

기업과의 직접대화는 주식소유자인 우리가 주식을 발행한 기업의 부분적인 주인이기 때문에 가능하다. 주주는 기업에 대해 특별한 권리를 갖게 되고 물론 책임도 있다. 주주의 권리는 증권거래법을 비롯한 주주 보호장치들에 의해 부여되고 보장된다. 증권거래법은 투자자들이 기업의 분기별 재무정보와 회계감사를 필한 영업보고서를 받을 권리를 부여한다.

주주는 또 다른 권리, 즉 경영참가권, 기업의 이익에 참여할 권리, 잔여재산 청구권 등도 있다. 주식투자자는 자신이 갖고 있는 주식을 다른 사람에게 팔거나 양도하거나 위탁할 권리를 가지고 있다. 주식을 팔기 위해 경영진의 허락을 받을 필요가 없다.

주주행동가들이 가장 관심을 가지는 것은 기업이 어떻게 지배되는가와 관련된 권리다. 주주로서 우리는 기업장부를 감사하는 사람을 선출하는 권리가 있다. 또한 이사회의 구성을 승인하거나 거부할 권리를 갖는다. 또 회사의 최고경영자를 포함한 이사들의 보수를 매년 검토할 권리를 갖는다. 사회책임투자자에게 특별히 흥미로운 주주의 권리는 매년 여러 가지 투표가 이루어지는 주주총회에 참석할 수 있다는 것이다.

[가장 강력한 권리]

제기된 이슈에 대해 행동하는 데는 여러 가지 방식이 있다. 시민으로서 편지를 쓸 수도 있고, 소비자로서 불매운동에 나설 수 있다. 또 노동자로서 소송을 제기할 수도 있다. 이에 비해 주주는 기업의 주주총회에 매년 참석해서 공식적이고 조직적인 방식으로 이슈를 제기할 수 있다는 독특한 권리를 가진다. 조직화되고 조율된 형태의

주주행동주의는 남아프리카 공화국 논쟁에서 시작되었다.[75]

[담배반대 운동]

흡연에 대한 태도변화는 지난 15년 동안 미국 사회에서 벌어진 가장 혁명적인 변화들 가운데 하나이다.[76] 흡연에 대한 과학적 연구 결과가 대중에게 알려졌고 담배관련 질병이 보건체제에 끼치는 영향의 수치화가 더욱 진전되었다. 용감한 사람들이 자신들 앞에서는 담배를 피우지 말 것을 요구했고, 담배연기 없는 환경을 요구했다. 10대 흡연 문제도 등장했고 젊은 사람들 사이에 담배를 멋있는 것으로 조장하는 광고도 문제제기가 이뤄졌다.

10~15년 정도의 짧은 기간에 미국 전체의 분위기가 완전히 바뀌었다. 한국에서도 항공사와 레스토랑, 공공장소, 회사 등에서 담배를 피우기 위해서는 일정 장소에 가서 제한된 공간에서만 피울 수 있다.

그러나 다른 나라에서는 아직 갈 길이 멀다. 미국은 1999년 한 해 310억 달러 이상의 매출실적을 올렸다. 지금도 8초마다 한명씩 흡연으로 인해 죽어가고 있다. 그럼에도 불구하고 담배산업은 세계에서 가장 큰 산업 중 하나로 유지되고 있다.

[세계보건기구의 발표]

세계 보건기구의 발표를 보면 놀라지 않을 수 없다. 흡연으로 인하여 현재 매년 세계적으로 약 300만 명이 죽으며, 한국에서는 약 3만 명씩 죽어가고 있다. 2020년이 되면 세계적으로 매년 1000만 명씩, 한국에서는 10만 명씩 죽을 것이라고 한다. 즉 담배는 술, 마약, 살인, 자동차사고, 화재 등으로 죽는 모든 사람을 합한 것보다 많은 사람들을 매년 죽이고 있다. 담배가 수많은 사람들을 병들게 하고 죽게 하는 이유는 신체의 신경을 자극한 후 마비시키는 영향을 가진 악성적인 독성물질을 함유하고 있기 때문이다.

[환경과 주주행동주의]

1989년 3월 24일 미국 원유운반선 액손 발데즈가 알래스카 프린스 윌리엄 사운드에 있는 암초에 충돌했다.[77] 그 후 이틀 동안 26만 배럴의 원유가 깨끗한 바다에 쏟아져 들어가게 되었다. 미국 역사상 최악의 원유유출 사고였다. 유출된 기름이 1,100마일의 해변을 뒤덮게 되었고, 이로 인하여 수만 마리의 바다 포유동물과 새들이 죽게 되었다. 액손은 몇 년에 걸친 재판 끝에 유죄판결을 받고 50억 달러의 벌금형을 받게 되었다.

이때 가장 직접적으로 반응을 보인 단체는 환경보호론자, 사회책임투자자, 교회, 그리고 공적인 이익단체였다. 이들의 연합된 노력으로 '발데즈 원칙' 을 제정하게 되었고 이것은 나중에 '세레스 원칙' 으로 발전되었다.

이 사고로 인하여 28종의 피해생물종들 가운데 바다 수달과 대머리 독수리 두 종만이 유출사고 이전수준으로 회복되었다. 그러나 범고래를 비롯한 다른 생물종들은 회복할 조짐을 보이지 않고 있다.

[좀 더 쉬운 주주행동의 방법]

개인투자자의 입장에서는 주주행동주의가 너무 거창하게 여겨질 수 있다. 이렇게 생각하는 투자자도 좀 더 간단한 방법이 있다. 우선 자기 이름으로 투자한 기업의 주주총회에 참석하지 못할지라도 위임장을 통해 투표에 참가하는 방법이 있을 수 있다. 이렇게 하기 위해 먼저 주주 행동주의 활동가들에게 환경 이슈를 알려주기도 하고 관련 정보를 요청하는 방법도 있을 수 있다. 그리고 자신이 투자한 뮤추얼 펀드를 운영하는 회사에 부탁해 위임투표를 주주총회에 전달하도록 요청할 수도 있다. 뮤추얼 펀드에게 특정 이슈에 대한 찬성투표를 해주도록 요구할 수 있다.

요컨대, 기업과의 직접대화는 다양한 방법을 사용해서 기업이 미래에 부닥칠지도 모를 투자위험을 사전에 피할 수 있도록 해 준다.

chapter 09
정리를 위한 토론문제

1. 기독교 세계관이란 무엇입니까? 또 기독교 세계관에서 기업을 이해해 봅시다.

2. 세상에서 그리스도인의 정체성을 '소금과 빛'으로 설명할 수 있습니다. 그렇다면 기업에서 그리스도인은 어떤 역할을 해야 하는지 서로 자신의 의견을 말해 봅시다.

3. 주기도문은 여섯 가지 간구내용으로 구성되어 있다. 그 내용을 하나하나 간단히 설명해보고 이들을 두 가지 간구 또는 한 가지 간구로 요약한다면 어떻게 말할 수 있는지 이야기해 봅시다. 또 이 간구가 기업에서 일하는 자로서 또는 주주로서 어떤 의미를 가지는지 설명해 봅시다.

4. 주기도문에서 기도하는 하나님의 뜻은 무엇을 말하는지 다음의 성경을 인용해서 말해 봅시다(출애굽기 20:3-17 ; 마태복음 22:35-40 ; 요한복음 13:34-35 ; 로마서 13:8-10).

5. 사회책임투자의 두 번째 전략을 주주행동주의라고 하는데 이것을 다른 말로 무엇이라고 할 수 있습니까? 또 주주행동주의는 무엇인지 쉽게 설명해 봅시다.

6. 한국에서 주주행동주의가 대두된 배경을 설명해 봅시다. 그리고 선진국에서는 주주행동주의를 3단계로 발전된 것으로 설명하는데 이것을 단계별로 간단히 설명해 봅시다.

7. 주주행동주의는 주주의 권리에서 비롯된다고 볼 수 있습니다. 주주의 권리를 활용해서 행동할 수 있는 기회에는 어떤 것이 있는지 말해 봅시다.

8. 한국에서 소액주주운동을 한 활동가로 장하성 교수가 있는데, 장교수의 활동 사례를 조사해서 그가 한국의 주주행동주의에 미친 영향을 발표해 봅시다.

chapter 10

투자를 통한 지역사회개발

예수께서 이르시되 "가서 너도 이와 같이 하라"누가복음 10:37

Jesus told him, "Go and do likewise"

우리가 세계를 여행해 보면 생활환경이 아주 좋은 나라가 있다. 그런가 하면 한국의 60년대가 연상될 정도로 너무 가난하게 사는 국가도 있다. 이 빈부의 격차는 국가 간에도 존재하지만 동일한 나라 안에서도 지역간에도 존재한다.

어떻게 하면 지역사회를 보다 살기 좋은 곳으로 만들 수 있을까? 그 가운데 하나는 사회책임투자를 통해서이다.

['선한 사마리아인의 비유'와 지역사회개발]

먼저 누가복음 10장 25절-37절에 소개되고 있는 '선한 사마리아인의 비유'를 통해 지역사회개발에 대한 성경의 원리를 배워보자.

어떤 율법 교사가 일어나 예수를 시험하여 이렇게 질문하였다.

"선생님 내가 무엇을 하여야 영생을 얻으리이까?"

이 질문에 대해 예수께서는 율법 교사에게 반대 질문을 하신다.

"율법에 무엇이라 기록되었으며 네가 어떻게 읽느냐?"

그는 이렇게 대답한다.

"네 마음을 다하며 목숨을 다하며 힘을 다하며 뜻을 다하여 주 너의 하나님을 사랑하고 또한 네 이웃을 네 자신 같이 사랑하라 하였나이다."

예수께서 이렇게 말씀하신다.

"네 대답이 옳도다 이를 행하라 그러면 살리라."

이 사람이 자기를 옳게 보이려고 예수께 다시 질문한다.

"그러면 내 이웃이 누구니이까?"

이 율법 교사에게 예수께서 대답하시기 위해 비유를 말씀하신다. 이것이 바로 유명한 '선한 사마리아인의 비유'이다.

"어떤 사람이 예루살렘에서 여리고로 내려가다가 강도를 만나매 강도들이 그 옷을 벗기고 때려 거의 죽은 것을 버리고 갔더라

마침 한 제사장이 그 길로 내려가다가 그를 보고 피하여 지나가고

또 이와 같이 한 레위인도 그 곳에 이르러 그를 보고 피하여 지

나가되

어떤 사마리아 사람은 여행하는 중 거기 이르러 그를 보고 불쌍히 여겨

가까이 가서 기름과 포도주를 그 상처에 붓고 싸매고 자기 짐승에 태워 주막으로 데리고 가서 돌보아 주니라

그 이튿날 그가 주막 주인에게 데나리온 둘을 내어 주며 이르되 이 사람을 돌보아 주라

비용이 더 들면 내가 돌아올 때에 갚으리라" 누가복음 30-35.

예수께서 비유를 마치시면서 율법 교사에게 마지막으로 이렇게 질문하신다.

"네 생각에는 이 세 사람 중에 누가 강도 만난 자의 이웃이 되겠느냐"

율법 교사의 답은 단순했다.

"자비를 베푼 자니이다."

예수께서 대화와 비유를 통해 율법 교사에게 참 사랑이 무엇인지를 가르쳐 주셨다.

마지막으로, 예수께서 율법 교사에게 다음과 같이 말씀하시면서 마무리를 하셨다.

"가서 너도 이와 같이 하라."

[비유의 보충 해설]

'선한 사마리아인의 비유' 는 예수 그리스도께서 '그러면 내 이웃이 누굽니까' 라는 율법 교사의 질문에 답하기 위해 말씀하신 것이다. 이 비유는 어떤 사람이 예루살렘에서 여리고로 내려가다가 강도를 만나게 되었는데 강도들이 그 옷을 벗기고 때려 거의 반 죽은 것을 버리고 가버린 것으로 시작하고 있다. 예루살렘에서 여리고까지의 거리는 약 25km인데 그 사이는 민가가 없는 광야였기 때문에 예로부터 자주 강도가 나타났다고 한다.

강도를 만난 이 사람도 아마 예루살렘 성전에서 예배를 드리고 집으로 가다가 어려운 일을 당한 것 같다. 그런데 마침 제사장, 레위인, 그리고 사마리아인이 차례로 같은 길로 내려가다가 동일하게 강도 만난 자를 만나게 된다. 제사장과 레위인은 그를 보고 피하여 시나가지만 사마리아인은 그를 보고 불쌍히 여겼다. 그리고 그는 기름과 포도주를 상처에 붓고 싸매고 자기 짐승에 태워 주막으로 데리고 가서 돌보아 주었다. 뿐만 아니라 그는 이튿날에 데나리온 둘을 주인에게 주며 "이 사람을 돌보아 주라 비용이 더 들면 내가 돌아올 때에 갚으리라" 고 말하였다.

예수 그리스도는 이 비유를 율법 교사에게 들려준 뒤 그에게 "네 생각에는 이 세 사람 중에 누가 강도 만난 자의 이웃이 되겠느냐" 고 물었다. 율법사가 "자비를 베푼 자니이다" 라고 답하자 예수 그리스도는 그에게 "가서 너도 이와 같이 하라" 고 말씀하신다.

여기에 나오는 제사장과 레위인은 왜 강도를 만난 자의 이웃이 되지 못했을까? 제사장의 최고의 직무는 제물을 하나님께 드리는 일이었다. 제사장은 아마 강도 만난 자가 죽은 것 같아 부정을 탈까봐서 돕지 않은 것이 아닌가 짐작해 볼 수 있다. 그러나 그가 예루살렘에서 내려가고 있었기 때문에 예배를 마친 후일 것이다. 따라서 그가 부정을 탈까봐서 어려운 자를 돌보지 않은 것은 핑계에 지나지 않는다.

레위인의 업무는 성전 봉사와 질서를 유지하는 것을 돕는 것이었다. 그도 예루살렘에서 내려가고 있었기 때문에 자신의 일 때문에 어려움에 처한 자를 돌볼 수 없었다는 것도 이유가 될 수 없다.

그렇다면 사마리아인은 어떻게 강도를 만난 사람을 도울 수 있었는가? 그는 여행 중에 있었고 강도를 만난 자가 이스라엘 사람이라면 이 사람은 사마리아인을 멸시하고 있었기 때문에 그를 돕지 않을 만한 이유가 더 많았다. 그러나 그는 불쌍히 여기는 마음이 있었기 때문에 사랑의 행동을 실천하였다. 사마리아인이 희생을 한 것을 보면 기름과 포도주, 싸맨 천, 수송 수단 제공, 숙박비, 부비, 함께한 시간, 그리고 헌신적인 노력까지 있었다. 선한 사마리아인이 보여준 사랑의 원리를 우리가 살고 있는 지역사회개발에 어떻게 적용할 수 있을까?

[주주 행동주의의 한계와 지역 사회개발 금융기관]

주주 행동주의는 대기업에 초점을 맞추고 있기 때문에 한계를 가지고 있다. 우리가 투자자로서 대기업에만 관심을 가지게 되면 도시에서 여러 명의 부양가족을 데리고 비참한 환경 속에서 생활하는 사람들을 잊기 쉽다. 여러 가지 이유로 많은 사람들이 경제적인 주류에서 배제되었고, 미국의 경우 1990년대의 경제 호황은 소외된 사람들에게는 이전보다 더 비참한 삶을 초래하였다. 예를 들면, 캘리포니아 소득 하위 20%에 속하는 사람들의 구매력이 1988년부터 1998년 까지 10.3% 하락했다. 한국의 경우에도 상황은 비슷하다. 우리 사회에는 경제적 극빈자나 불우한 처지에 있는 사람들이 많이 있다.[79]

투자로 지역사회도 변화시킬 수 있을까? 우리가 지역사회개발 은행이나 신용 조합과 같은 지역 사회개발 금융기관Community Development Financial Institution : CDFI을 이용하면 얼마든지 투자를 통하여 지역사회도 변화시킬 수 있다. 이들 금융기관과 거래를 하면 필요한 금융 서비스를 제공받는 동시에 지역사회의 엄청난 난제를 해결할 수 있도록 이들의 능력을 키울 수 있다. 또한 이들 금융기관에 현금을 예치하는 것은 단순히 자선 행위가 아니다. 이들 금융기관은 도움이 필요한 사람들에게 자립할 수 있는 힘을 불어넣어 준다.

[지역사회개발 대출펀드]

지역사회개발 금융기관에는 세 가지 종류가 있다. 첫 번째 종류가 지역사회개발 대출펀드Community Development Loan Fund : CDLF이다.[80] 이것은 여러 자금원에서 돈을 빌려 차입자들에게 돈을 빌려주는 비영리 기관을 말한다. 차입자가 시도하는 사업을 성공시키기 위해 필요한 자금과 건물을 지원하기도 하고 기술적 문제도 지원한다. 차입

자는 신용조건을 갖추지 못한 사람이다. 지역사회개발 대출펀드는 위기에 빠진 사람들을 가장 혁신적인 방법으로 도우는 방법이다.

이에 속하는 사례를 하나 들어보자. 맥콜리 인스티튜트가 미시시피 북쪽의 한 농촌지역에서 수행한 프로젝트가 이에 해당한다. 이 농촌지역에 카지노가 들어섰다. 농토를 다른 용지로 변경하게 되어 1994년 월스라는 마을에 위기가 발생하였다. 이 마을 소작농 11가구가 살던 집에서 퇴거하라는 명령을 받았다. 성심회 신부들이 이러한 상황을 알리자 멕콜리 인스티튜트가 유니언 플랜터스 뱅크와 United Way 등 제휴하고 있는 기관들과 신속히 대응하였다. 이들은 38가구의 임대주택을 지어 주고 임대료는 가계수입의 30%로 정하였다.

[지역사회개발 대출펀드의 목표]

미국의 지역사회개발 대출펀드의 대다수는 주택건설에 초점을 맞추고 있으나 상당수는 창업자금을 융자해 주기도 한다. 미국 이외 지역의 지역사회개발 대출펀드는 대개 일자리 창출에 우선적으로 집중하고 있다. 어쨌든 그들은 건강한 지역사회를 창조한다는 공동의 비전을 공유하고 있다. 지역사회개발 대출펀드는 대략 40개 정도가 가동되고 있으며 대부분은 명확한 활동 목표를 설정해 놓고 있다.

예를 들어보자. 보스톤 커뮤니티 캐피털은 보스톤 일대를 대상으로 건강한 지역사회 건설을 위한 사업을 수행하고 있다. 셰어드 인터레스트는 남아프리카 공화국에서 소규모 사업자들에게 대출을 해주고 있다. 라코타 펀드는 노스 다코타 주의 파인리지 보호지역

거주자들에게 소규모 사업자금을 대출해 준다. 저소득 주택 펀드는 샌프란시스코에 본사를 두고 있지만 대출은 미국 전역을 대상으로 한다.

여기서 말하는 대출펀드는 많은 사람들로부터 자금을 차입해서 폭넓게 곤궁한 사람들에게 대출하는 일을 하는 소규모 비영리 조직들을 가르킨다. 이런 대출 펀드들의 전국적인 협회 조직이 '전국 지역사회 자본 협회' National Community Capital Association : NCCA이다. 그 본부는 필라델피아에 있다. 전국 지역사회 자본 협회는 1986년 사회경제적 정의의 원칙과 견실한 사업 관행을 결합시키는 지역사회 대출 기관들의 전국 네트워크를 협성하고 지원하기 위해 창립되었다.

지역 사회개발 대출 펀드가 제 역할을 다하기 위해서는 상당한 기간을 참을 수 있는 자금이 필요하다. 사회 책임 투자자라면 돈을 최소 2년 이상 장기로 맡길 수 있을 것이다. 하나의 프로젝트를 기안하고 추진해 완성하기까지는 대개 5년 정도 걸린다.

[지역사회개발 대출펀드를 지원해야 하는 이유]

왜 우리는 지역사회개발 대출펀드를 지원해야 하는가? 이렇게 생각할 수 있다. 아무리 능숙한 투자자라도 투자한 돈마다 모두 홈런을 기록하지 못한다. 주식투자 종목을 잘못 선정해서 투자하게 되면 투자금액의 많은 부분을 날릴 수도 있고, 때로는 송두리째 날려버릴 수도 있다. 이런 이유로 자신이 가지고 있는 자금의 일부를 채권, 양도성 예금증서, MMF와 같은 단기금융 계좌에 넣어두고 있는 사람들도 있다. 지역사회개발 대출펀드에 돈을 맡긴 사람은 그 금액만큼 자신이 관심을 갖고 있는 일에 기부한 것이나 다름없다. 그런데 맡긴 돈을 만일 그대로 유지한다면 내년에도 똑같은 금액을 기부하는 셈이 된다. 다른 곳에 투자하면 6%의 수익률을 올릴 수 있음에도 불구하고 2%의 이자율로 1만 달러를 지역사회개발 대출펀드에 빌려준 사람은 일단 400달러는 기부하는 것이 된다.

[지역 사회개발 은행]

두 번째 종류의 지역개발 금융기관은 지역 사회개발 은행이다.

지미 스튜어트가 출연하는 고전적인 영화, '멋진 인생' It's a Wonderful Life은 자주 방영되는 영화 가운데 하나이다.[81] 이 영화에서 우리는 지역사회를 위해 운영되는 대출기관이 있는 세상과 존재하지 않는 세상을 볼 수 있다. 대출기관이 없는 세상은 음울하다. 도시는 비참하고 위험한 장소로 쇠락한다. 판자촌으로 뒤덮인 도시의 삶은 비루하다. 영화의 주인공은 자신의 인생행로를 선택하면서 고향으로 돌아간다. 그는 지역사회 주민들의 지지를 받으면서 친절하고 관대한 대출자가 되어 그들을 돕는다. 이 영화는 우리가 공유했던 대중적인 문화 가운데 잃었던 부분을 되살려 준다. 우리의 은행의 대부분은 자신의 본 모습을 잊어버렸다.

어떻게 보면 지역사회 개발은행과 그 프로그램들은 은행의 원래 모습으로 되돌아간 것이라고 볼 수 있다. 초기 은행들은 대중의 저축과 근검절약을 높이는 기관이었다. 오늘날에도 지역사회 개발 프로그램들은 지역사회의 수요에 혁신적이고 적극적으로 부응하고 있다.

[지역사회 개발은행의 운영 형태]

일부 지역사회개발 은행은 설립될 때부터 현재 수행하는 목적을 표방했다. 캘리포니아 주 샌프란시스코의 베이 커뮤니티 은행, 뉴욕 주 융커스의 캐피털 커뮤니티 은행, 오리건 주의 뉴포트 은행 등이 이에 속한다.

매사추세츠 주 보스턴에 있는 웨인라이트 뱅크 앤드 트러스트를 비롯한 일부 은행들은 처음에는 전통적인 은행이었으나 업무의 모든 측면에서 지역사회를 위해 혁신적인 지원을 하는 은행으로 탈바꿈을 하였다.

전통적인 은행의 자회사 형태로 운영되는 지역개발은행들도 있다. 퍼스트 커뮤니티 은행은 보스턴의 저소득층 거주지인 매타판, 도체스터, 록스베리 지역의 주민들을 돕고 있다. 이 은행은 자체적으로도 예금 유치를 하고 있지만 모회사인 보스턴 은행의 지원도 받는다.

소수인종 소유은행도 인근 지역사회의 활성화를 위해 대출하고 있다. 블랙피트 내셔널 은행은 몬테나 주에 거주하는 블랙피트 부족이 소유하여 운영하고 있다. 인디언 보호지역에 있는 연필 제조업에서 병원에 이르기까지 사업자금을 대출해 주고 있다.

[지역사회개발 은행에 참여하는 방법]

사회책임투자자들은 어떻게 지역사회개발 은행에 참여할 수 있는가? 지역사회 개발은행에 예금 계좌를 개설하거나 양도성 예금증서를 매입하면 된다. 이 예금은 연방 예금보험 공사의 보호를 받고 있어 안전하다.

지역사회 개발은행의 장점은 사회적으로 대우받지 못하는 계층의 욕구를 충족시키기 위해 특별히 설계되었다는 것이다. 이 은행의 예금금리는 전통적인 은행의 예금 금리보다 경쟁력이 있다. 이런 점은 투자자들에게 개인적으로 사회기여를 할 기회를 제공하고 있다.

[지역사회 개발 신용 조합]

지역사회 개발 금융기관의 세 번째 종류는 지역사회 개발 신용조합Community Development Credit Union : CDCU이다.

지역사회 개발 신용 조합의 뿌리는 교회 또는 저소득 지역의 친목 단체인 경우가 많다. 규모가 영세한 특징이 있다. 소재지의 인근 지역 밖으로는 잘 알려지지 않고 있지만 진정한 풀뿌리 조직이라 할 수 있다. 가장 가난한 사람들이 금융서비스를 받기 위해 문을 두드릴 수 있는 첫 번째 기회이기도 하다. 무엇보다도 사회적 대우를 제대로 받지 못하는 계층에게 힘을 북돋아주는 역할을 하는 금융기관이다.

지역사회개발 신용협동조합은 민주적으로 운영되는 비영리 조직이며 예금 보장의 대상이다. 연방정부의 규제를 받고 있고 자원자로 구성된 이사회의 감독을 받고 있다. 이 신용조합은 회원의 예금뿐만 아니라 비회원의 예금도 유치가능하다.

[신용 협동 조합의 활동 범위]

지역사회개발 신용협동조합의 활동 범위는 국제적이다. 멕시코와 콩고, 영국을 비롯한 많은 나라에서 혁신적인 모델을 발견할 수 있다. 캐나다의 밴시티 세이빙즈 신용조합은 자산규모가 640만 캐나다 달러 이상인데 이는 신용조합이 얼마나 성장할 수 있는지 보여주는 예이다.

밴시티 신용조합은 26만 2,000명이 넘는 회원들을 대상으로 적극적인 신규사업대출을 하고 있다. 이 신용조합의 성과 가운데 하나는 이 신용 조합이 운영하는 윤리적 펀드 그룹은 캐나다 최대의 사회책임 뮤츄얼 펀드 그룹이 되었다는 것이다. 또 최근에는 시티즌스 뱅크라는 인터넷 뱅킹 자회사를 설립하였다.

[지역사회개발 금융기관의 지원]

지역사회개발 금융기관은 다양한 자금원에 의존한다. 은행, 교회, 지방정부는 지역사회개발 금융기관의 자본 확충에 중요한 역할을 한다. 기존의 지역사회개발 금융 기관의 대다수는 일반 지역은행들로부터 많은 지원을 받는다. 일반 지역 은행들은 자신들의 지역사회 재투자금융실적을 개선하기 위한 방법으로 지역사회개발 금융기관에 대출하거나 자금지원을 한다.

1977년에 만들어진 지역사회 재투자 법Community Reinvestment Act : CRA이 그 주된 동력이다. 지역사회 재투자 법에 의하면 공익적인 목적에 봉사하기 위해 정부가 만든 은행은 "지역사회 밖으로 자금을 빨아내기만 할 것이 아니라 자금을 다시 지역사회에 되돌려 넣어야 한다"고 규정하고 있다.

보험회사들도 지역사회개발 금융기관들을 지원한다. 포드 재단과 맥아더 재단도 다른 기업들과 통합된 하나의 활동으로 지역사회개발 금융 기관들에게 전략적인 지원을 지속적으로 제공한다. 뉴욕시 직원 퇴직 제도나 캘리포니아 주 공무원 퇴직 제도와 같은 대형 연금 기금은 수억 달러를 지역개발 프로젝트에 배정한다.

[보다 쉬운 지역사회개발 투자 방법]

주식을 사는 것과 비교하면 지역사회개발 금융기관에 대한 투자는 다소 수고스러운 과정을 거쳐야 한다. 먼저 해당 기관을 찾고 전화를 걸어 자료와 신청 서류를 요청해야 하고 신청 양식을 기입해야 한다.

사회책임투자자들과 관계를 맺고 있는 뮤츄얼 펀드나 투자자들은 당신이 손쉽게 지역 사회개발 프로그램을 지원할 수 있도록 하는 방법을 성공적으로 찾아냈다.

그 첫 번째 모델은 팍스 월드 펀드, 파나서스, 캘버트 사회 혼합

펀드 등과 같은 일부 펀드들에서 찾아볼 수 있다. 이런 펀드들은 포트폴리오 중 일부분을 지역 사회개발 금융기관에 배정한다. 이런 투자는 현금으로 운용하거나 채권 포트폴리오 운영의 일환으로 이루어진다.

두 번째 모델은 투자자들에게 지역사회개발 금융기관에 직접 투자를 할 수 있도록 길을 열어주는 것이다. 도미니 사회투자는 사우스 쇼어 은행에서 고객들이 도미니 MMF 계좌를 개설할 수 있게 하였다.

지역사회개발 금융기관들에 대한 지원은 사람들이 사회책임투자자가 되도록 동기를 부여하는 가장 강력한 방법 중 하나이기도 하다. 지역사회개발 금융기관에 대한 투자는 거의 모든 사람들의 투자에 적합하다. 이자 수익의 안전성이라는 측면에서도 은행예금과 다름없다. 자선은 거저 주는 것이 아니라 도와주는 것이라고 믿는 사람들에게 특히 호소력이 있다. 지역사회개발 금융기관에 대한 지원은 사회책임투자의 중요한 한 요소이다.

chapter 10
정리를 위한 토론문제

1. '선한 사마리아인의 비유' 를 읽고 이 비유에 등장하는 제사장과 레위인, 그리고 사마리아인은 각각 어떤 사람인지 간단히 말해 봅시다. 그리고 왜 제사장과 레위인은 강도 만난 자의 이웃이 될 수 없었고 사마리아인이 강도 만난 자를 도울 수 있었는지 서로 말해 봅시다.

2. '선한 사마리아인의 비유' 를 통해서 예수께서 가르치시고자 하는 교훈은 무엇이라고 생각합니까? 또 이 교훈을 지역사회개발에 어떻게 적용할 수 있는지 서로의 의견을 말해 봅시다.

3. 기업과의 직접대화(또는 주주행동주의)의 한계가 무엇이며 이에 대한 대안으로 어떤 방법을 제안하고 있습니까?

4. 지역사회개발을 하는 방법으로 세 가지가 있는데 그것이 무엇인지 말하고 각각에 대해 간단히 설명해 봅시다.

5. 우리는 왜 지역사회개발 대출펀드를 지원해야 하는지 그 이유를 말해 봅시다.

6. 사회책임투자자들이 지역사회개발 은행에 참여할 수 있는 방법을 말해 봅시다.

7. 지역사회개발 신용조합에 대해서 아는 대로 설명하고 한국의 지역사회개발 신용조합은 어떤 것이 있는지 조사해 봅시다.

8. 다음은 가난한 자들의 은행으로 알려지고 있는 그라민 은행에 대한 설명인데 그 설명을 살펴보고 이런 은행이 이 장에서 배운 지역사회개발과 어떤 관계가 있는지 말해 봅시다.

〈그라민 은행의 설명〉

그라민 은행은 2006년 노벨평화상을 받은 방글라데시 그라민 은행의 총재, 유누스씨가 제도권 금융기관의 이용이 불가능한 계층을 대상으로 자금을 빌려주는 은행이다. 이 은행은 가난한 자에게 생계형 자립자금을 지원한다. 하나의 특징은 무담보 신용대출이 기본이라는 점이다. 그런데 흥미로운 사실은 이 은행으로부터 신용으로 차입한 사람들의 대출금 상환율이 95%를 초과하고 있다는 사실이다. 또 그라민 은행은 대출에 필요한 재원의 60%가 넘는 금액을 이전에 대출을 받아 수혜를 받은 고객들로부터 조달하고 있다.

*그라민Grameen = 방글라데시 말로 마을이란 뜻.

chapter 11

환경 투자의 이해와 적용

"하나님이 지으신 그 모든 것을 보시니 보시기에 심히 좋았더라
저녁이 되고 아침이 되니 이는 여섯째 날이니라" 창세기 1:31

God saw all that he had made, and it was very good.
And there was evening, and there was morning the sixth day.

[생태계의 위기냐 생존의 문제냐]

동양과 서양을 막론하고 자연은 수많은 시인들과 지성인들에 있어서 경외의 대상이었다. 자연은 인간이 그 속에서 쉴 수 있는 안식처라는 인식은 동양인의 보편적인 인식이라 하여도 지나친 말이 아니다.[83]

그러나 오늘날 자연은 르네상스와 종교개혁 이후부터 인간이 본격적으로 발전시킨 자연과학의 문명에 의하여 무참하게 오염될 뿐만 아니라 파괴되어 가고 있다. 생명을 위한 요람인 바다의 오염

은 물론이고 공기의 오염, 그리고 수질 오염에 이르기까지 그야말로 모든 생명을 위협하고 있다.

이러한 현실을 보면서 오늘날 생태계의 문제를 연구하는 수많은 학자들은 이제 인류는 단순히 '생태계의 위기' 의 문제에 봉착한 것이 아니라 생존의 문제에 봉착하였으며 나아가서 '세계 종말의 문제' 에 봉착하였다고 한다.[84]

[창조와 환경의 청지기]

그렇다면 이 같은 생태계의 위기를 초래한 원인이 어디에 있는가? 이 원인을 성경적인 관점에서 찾기 위해 창세기의 창조에 관한 말씀을 살펴볼 필요가 있다. 창세기는 "태초에 하나님이 천시를 창조하시니라" 창세기 1:1로 시작하고 있다. 그리고 1장 26절에서 하나님은 이렇게 의논하여 말씀하신다.

"우리의 형상을 따라 우리의 모양대로 우리가 사람을 만들고 그들로 바다의 물고기와 하늘의 새와 가축과 온 땅과 땅에 기는 모든 것을 다스리게 하자."

그리고 하나님이 계획하신 대로 하나님이 자기 형상, 곧 하나님의 형상대로 사람을 창조하시되 남자와 여자를 창조하셨다. 하나님이 사람을 자신의 형상대로 창조하신 후에 하나님이 그들에게 복을 주시며 이렇게 다시 말씀하신다.

"생육하고 번성하여 땅에 충만하라, 땅을 정복하라, 바다의 물고기와 하늘의 새와 땅에 움직이는 모든 생물을 다스리라" 창세기 1:28.

이 기록된 말씀을 살펴보면 하나님이 사람을 자기의 형상대로 지으시고 만물을 다스리도록 환경경영을 사람에게 위임하신 것을 알 수 있다.

['창조하다'의 신학적 의미]

어떻게 이 세계가 존재하는가? 창세기 1장 1절은 태초에 하나님이 천지를 창조하셨다고 기록하고 있다. 이 세계는 분명히 하나님으로 말미암아 있게 된 세계이다. 이 세계가 우연히 생긴 것이 아니라 하나님의 창조행위에 의해 존재하게 되었다. '하나님의 창조'로서의 세계는 하나님으로 말미암은 세계의 유래와 하나님에 대한 그의 의존성을 나타낸다.

이것은 '창조하다', '짓다'를 뜻하는 히브리어 'bara'에 나타난다. 동사 'bara'는 다음과 같은 특별한 신학적 내용을 담고 있다.[85]

첫째, 하나님만이 주체가 되는 하나님의 행위이다.

둘째, 'bara'라는 동사는 하나님이 그것으로 천지를 만들 수 있는 어떤 재료를 나타내는 목적격이나 전치사를 수반하지 않는다. 즉, 하나님의 창조는 '재료가 없는 창조'이다. 하나님은 없는 데서, 곧 무에서 세계를 창조하셨다. 그러므로 세계는 오로지 하나님으로 말미암은 것이요 어떤 재료로 말미암은 것이 아니다.

셋째, 구약 성경에 있어서 'bara' 동사의 대상은 다양하다. 하늘과 땅, 인간, 이스라엘 백성 등이 하나님의 창조, 곧 'bara'의 대상으로 나타난다.

[창조의 내용과 시간]

성경의 첫 책에서는 하나님은 자신이 우주의 시초에 모든 것을 창조하셨다고 선언하셨다. 그리고 그 천지창조에는 6일이 걸렸다고 했다. 6일간의 창조 내용은 〈표〉 '형성의 날과 채움의 날의 관계' 에 요약하여 정리하였다.[86]

〈표〉 형성의 날과 채움의 날의 관계

형성의 날	채움의 날
첫째 날. 빛(3절)	넷째 날. 광명(두 큰 광명과 별들) (14–17절)
둘째 날. 궁창 아래의 물 궁창 위의 물(7절)	다섯째 날. 물에서 번성할 수 있는 큰 물고기, 생물, 그리고 날개 있는 모든 새 (21절)
셋째 날. 건조한 땅(9절)	여섯째 날. 육축, 땅의 기는 것, 그리고 짐승(24절) 사람(26절)
– 풀, 씨 맺는 채소, 씨가진 열매 맺는 나무(11절)	– 씨 맺는 모든 채소와 씨가진 열매 맺는 모든 나무를 사람의 먹을거리로 허용(29절) – 풀을 동물의 먹을거리로 허용(30절)

그런데 19세기부터 지질학자들을 중심으로 이에 대해 심각한 이의를 제기하는 이들이 나타났다. 우주가 생겨나서 지구와 그 안에 사는 생명체들이 생성되기까지에는 약 150억 년이 걸렸을 거라는 것이었다. 이 때문에 한때 성경 전체의 신빙성이 도마에 올랐던 적이 있다.[87] 하지만 갈수록 과학이 발달하면서 이는 하나님과 인간의

시간에 차이가 있다는 사실에 대한 무지 때문이었음이 확인되고 있다. 서울대 물리대의 제원호 교수의 주장에 의하면 태초의 첫날 하루 24시간은 오늘날의 시간으로 약 80억년이 된다. 그리고 둘째 날의 하루는 약 40억년, 셋째 날의 하루는 약 20억년, 넷째 날의 하루는 약 10억년, 다섯째 날의 하루는 5억년, 여섯째 날의 하루는 약 2.5억년에 해당한다.

이것을 현재의 관점에서 역산하여 보면 여섯째 날은 2억 5천만년 전부터 대략 6천년 전까지로 볼 수 있다.이 기간에 육상동물과 포유류 동물이 많이 나타나고 물론 인간도 이때 출현하게 된다는 것이다. 제원호 교수의 설명과 성경을 비교해 보면 하나님이 창조하신 날짜에 꼭 들어맞는다. 하나님이 6일 동안에 천지를 창조하셨다고 성경은 말하지만, 그것은 태초에 하나님의 시간으로 6일이면 , 인간의 시간으로는 150억 년이 넘는 시간인 것이다.

[창조의 세계에서 인간의 위치]

창조의 세계에 있어서 인간은 어떤 위치를 가지는가?[88] 두 가지 측면에서 그 위치를 찾아볼 수 있다. 첫째, 인간도 자연이다. 인간의 영혼과 육체는 분리될 수 없는 하나됨 속에서 인간의 존재를 구성한다면 인간은 철저히 '자연적 존재' 이다. 하나님의 형상으로서 그는 물론 자연으로부터 구별되지만 그의 육체에 있어서 그는 자연이다. 그는 하나님의 마지막 피조물이지만 '피조물 가운데 한 피조물' 이다. 그러므로 자연과 인간의 관계는 본래 소유와 복종의 관계가 아니라 사귐과 교통의 나눔의 관계라고 말할 수 있다. 그들은 한 하나님의 피조물이기 때문이다. 인간은 자연 안에서, 자연과 함께, 그 스스로 자연의 한 부분으로서 살도록 창조되었다.

두 번째 측면에서 보면, 인간은 자연의 관리자이다. 창세기 1:26-28에 의하면 하나님은 인간에게 다스릴 수 있는 권한을 부여하였으며 "땅을 정복하고 . . . 모든 것을 다스리라" 고 명령하셨다. 우리가 자연에 대한 인간의 바른 위치를 규명하기 위해서는 이것이 무엇을 의미하는지 바르게 이해할 필요가 있다.

'다스리다' 에 해당하는 히브리어 'radah' 의 바른 의미는 무엇인가? 라다는 부정적인 뜻으로 사용되기도 한다. 포도주 압착기를 누르다는 뜻(욥기 4:13), 적을 쳐부수다의 뜻(느헤미야 9:28), 강제노동을 통하여 노예를 억압한다는 뜻으로 사용되는 것은 모두 부정적인 의미다. 라다의 바른 뜻은 '장려하다', '돌보다', '가꾸다', '보호하다' 의 의미를 가지며 이것은 섬김의 또 다른 형식이다(로핑크 교수).

'정복하다' 에 해당하는 히브리어 'kabas' 의 바른 의미는 무엇인가? 'kabas' 도 부정적인 뜻을 가지고 있다. 그것은 전쟁을 통하여 나라를 정복하다(민수기 32:22), 백성들을 예속시키다(사무엘 하 8:11), 주민들을 노예로 삼다(느헤미야 5:5)의 의미로 사용된다. 따라서 "땅을 정복하라" 는 구절은 자연에 대한 인간의 무제약적인 지배를 허용하는 것으로 이해할 수 있다.

그러나 우리는 "땅을 정복하라" 는 구절이 "하나님이 그들에게 복을 주시며" 라는 구절과 결합되어 있다는 사실을 유의해야 할 것이다. 다시 말하여, "땅을 정복하라" 는 하나님의 명령은 인간에 대한 하나님의 축복의 형식이라는 사실에 유의해야 한다.

하나님은 "땅을 정복하라" 고 축복을 내린다. "땅을 정복하라" 는 것이 인간을 위한 축복이라면 이 정복은 자연의 착취와 파괴를 뜻할 수 없을 것이다. 자연을 파괴하고 착취하며 오염시키면서 인간은 축복을 받을 수 없기 때문이다. 오히려 여기서 말하는 정복은 인간이 자연을 가꾸며 자연과 더불어 건강하고 행복하게 사는 것을 뜻한다고 말할 수 있다.

하나님이 인간을 그의 형상으로 지으셨고 그에게 세계의 '다스림' 과 '땅의 정복' 을 부탁하셨다면 이 '다스림' 과 '땅의 정복' 은 파괴적인 의미를 가지는 것이 아니라 '경작과 보존' 을 뜻한다. 이러한 관점에서 볼 때 자연에 대한 인간의 위치는 '지배자' , '정복자' 의 위치라기보다 '관리자' , '섬기는 자' 의 위치이다.

[창조시의 자연환경 상태]

창조시의 환경 상태는 어떠했을까? 한 마디로 완전히 깨끗한 상태였다. "하나님 보시기에 좋았더라" 는 표현이 창세기 1장에 무려 여섯 번이나 나온다는 사실을 주목할 필요가 있다.[89] 그리고 1장 31절에서는 "하나님 보시기에 심히 좋았더라" 고 기록하고 있다. 여기서 '좋았다' 는 것은 특별한 의미를 가지는데 이것은 인간에게 유익하다는 것을 말한다.[90] 따라서 창조 당시의 환경은 인간이 살기에 아주 쾌적한 상태였다고 추정할 수 있다.

이렇게 아름다운 환경이 언제부터 더러워지고 파괴되기 시작하였을까? 그것은 우리의 조상 아담이 하나님의 명령을 어김으로 말미암아 죄가 세상에 들어오면서부터이다. 여호와 하나님이 아담을 이끌어 에덴동산에 두어 그것을 경작하며 지키게 하시고 아담에게 이렇게 명하셨다.

"동산 각종 나무의 열매는 네가 임의로 먹되 선악을 알게 하는 나무의 열매는 먹지 말라 네가 먹는 날에는 반드시 죽으리라" 창세기 2:17.

그러나 아담은 어리석게도 간교한 뱀의 유혹에 넘어가 이 단순한 하나님의 명령을 어기게 되었다. 그 결과 인간은 여러 가지 벌을 받게 되었다. 먼저 하나님이 여자에게 내린 벌은 이와 같다.

"내가 네게 임신하는 고통을 크게 더하리니 네가 수고하고 자식을 낳을 것이며 너는 남편을 원하고 남편은 너를 다스릴 것 이니라" 창세기 3:16.

이어서 아담에게는 이런 벌을 주셨다.

"네가 네 아내의 말을 듣고 내가 네게 먹지 말라 한 나무의 열매를 먹었은즉 땅은 너로 말미암아 저주를 받고 너는 네 평생에 수고하여야 그 소산을 먹으리라

땅이 네게 가시덤불과 엉겅퀴를 낼 것이라 네가 먹을 것은 밭의 채소인즉

네가 흙으로 돌아갈 때까지 얼굴에 땀을 흘려야 먹을 것을 먹으리니 네가 그것에서 취함을 입었음이라 너는 흙이니 흙으로 돌아갈 것 이니라" 창세기 3:17-19.

우리는 여기서 벌써 땅이 저주를 받고 가시덤불과 엉겅퀴를 내게 되면서 지구의 환경이 오염되기 시작하는 것을 볼 수 있다. 그리고 인간이 계속 죄를 범하면서 환경이 점진적으로 나빠지게 되는

것이다.

인간의 죄로 자연환경이 많이 파괴되었지만 아직도 우리는 창조 당시의 신비하고 아름다운 경관을 여기저기서 볼 수가 있다. 이런 곳을 우리가 구경할 때면 우리는 자신도 모르게 창조의 신비에 감탄하며 찬송을 부르게 되는 경험을 할 수 있다.

"참 아름다워라 주님의 세계는
저 솔로몬의 옷보다 더 고운 백합화
주 찬송하는 듯 저 맑은 새소리
내 아버지의 지으신 그 솜씨 깊도다"[91]

[환경문제의 배경]

환경문제의 배경에는 어떤 것이 있을까? 먼저 환경영향의 크기에 지대한 영향을 미치는 주요 인자로 인구를 들고 있다.[92]

17세기 중반에 5억 정도로 추정되었던 세계 인구는 그 후 약 200년 동안에 10억으로 2배로 증가하였다. 18세기 이후에는 생활환경의 개선과 의술의 발달로 급격한 증가세를 보여 1990년대 후반에는 약 60억, 2025년에는 약 85억, 그리고 2050년경에는 115억에 이를 전망이다.

환경문제에 영향을 준 두 번째 요인은 산업화이다. 환경적 부담이 큰 공업 위주의 산업화로 과거 1차 산업 중심의 사회에서는 경험하지 못했던 다양한 유형의 환경문제를 낳게 되었다. 또 산업별 특성을 감안하더라도 환경문제로부터 자유로운 산업은 거의 없는 실정이다. 따라서 기존의 산업형태를 획기적으로 개편하여 환경친화적인 산업구조로 전환해야 한다는 주장이 제기되고 있다. 또 이에 대한 구체적 시책이 각국의 산업정책에 반영되고 있다.

환경문제가 대두된 세 번째 요인은 도시화이다. 지구에 도시가 형성되기 시작한 것은 수천 년 전부터로 알려져 있으나 오늘날과 같은 거대도시의 역사는 불과 1세기에 지나지 않는다. 도시화로 야기되는 각종 환경오염은 한정된 자연환경의 자정능력을 초과하게 되었고 도시의 쾌적성을 악화시켰다.

[환경오염피해의 구체적 현상]

환경오염 피해의 구체적인 현상에는 어떤 것이 있는가?[93] 첫째, 지구온난화이다. 지구온난화란 이산화탄소, 메탄, CFC(프레온 가스), 산화질소 등 온실효과를 일으키는 가스물질의 대기농도가 상승해 발생하는 현상을 말한다. 기온이 1990년대보다 섭씨 1도가 상승하였고 21세기 말에는 3도 상승이 예상되고 있다.

둘째, 오존층이 파괴되고 있다. 오존층의 파괴는 태양광 중 유해한 자외선이 지상에 도달하는 양을 대폭 줄이는 역할을 하는 성층권에 있는 오존층 파괴현상을 말한다. 오존층 파괴의 주범은 CFC이다.

셋째, 산성비이다. 이로 인하여 화석연료의 대량 연소로 산성기체의 배출이 발생하고 침엽수림이 고사하고 있다. 호수의 물고기가 전멸되기도 하고 토양의 산성화가 진행되고 있다.

넷째, 열대림 감소와 사막화가 진행되고 있다. 이것은 지구 온난화를 재촉하고 동물의 서식지가 훼손된다. 현재 지구는 하루에 1.6 ha 씩 사막화가 진행되고 있으며 이는 연간 600만 ha에 해당한다.

다섯째, 생물 다양성이 감소하고 있다. 하루에 약 100종씩 사라지고 있다. 이것은 연간 400만 종이 멸종되는 것이다. 20년 내에 생물의 10%가 사라질 것이다.

마지막으로 해양오염이다. 간접적 해양오염으로 유류 유출사고를 들 수 있다. 1989년 액손사의 발데즈호 사고와 1992년 이지언시호 사고가 대표적이다.

[환경과 개발에 관한 리우 선언]

지구 환경문제에 효율적으로 대처하기 위해서는 지역별, 국가적 대응책과 함께 국제적 해결책이 필수적이라는 인식이 확산되기 시작했다. 그 결과로 나타난 것 가운데 하나가 '리우 선언' 이다.

환경문제를 국제적으로 해결하기 위한 1992년 브라질의 리우데자네이루에서 개최되었던 UN 환경개발회의UNCED에서 채택된 '환경과 개발에 관한 리우선언' 은 1972년 스톡홀름 회의에서 채택된 '인간 환경 선언' 의 정신을 확대 강화시킨 것으로서, '환경적으로 건전하고 지속 가능한 개발Environmentally Sound and Sustainable Development : ESSD' 을 실현하기 위한 27개의 행동 원칙으로 구성되어 있다.

[세레스 원칙]

산업계 환경헌장 가운데 국제적으로 널리 알려져 산업계가 환경경영을 추진하는 데 영향을 미치며 가장 진취적이고도 강력한 의지를 담고 있는 것이 세레스 원칙Coaliton of Environmentally Responsible Economics : CERES이다.[94] 세레스 원칙은 1989년 4월, 알래스카 근해에서 발생했던 미국 액손사 소속 유조선 발데즈호의 대규모 기름 유출 사고를 계기로 제정하고 공표한 것이다.

세레스 원칙은 다음과 같은 10가지의 내용을 담고 있다. 자연 생태계 보호, 자연자원 지속가능한 사용, 폐기물의 감축 및 적정 처리, 에너지 보존, 위험 감소, 제품과 서비스의 안전성, 환경 복구, 일반 대중에 정보 공개, 경영진의 참여, 그리고 감사 및 보고이다.

['페놀 사건'이 주는 교훈]

환경 개선을 위한 노력은 여러 방면에서 시행될 수 있다. 지금은 한국 기업들도 적극적으로 환경 경영을 추진하고 있다. 그러나 1990년대에는 기업들이 돈에 눈이 어두운 나머지 환경을 마구잡이로 오염시키고 있었다. 그 중 하나의 사례는 두산의 페놀 사건이다. 이에 대해 국내 소비자들은 두산의 전 제품을 매입하지 않기로 하는 불매 운동을 벌였다. 결국 두산 제품 불매 운동이 전국으로 확산되어 두산 그룹이 엄청난 타격을 입게 되었다. 이와 같이 소비자로서 환경 오염 방지와 개선을 위해 노력을 할 수 있다.

그런데 도대체 두산의 페놀 사건이란 무엇인가?[95] 그것은 구미 공단 두산 전자 공장에서 페놀 원액 30톤이 무단 방류되어 대구 시민들의 식수원인 다사 수원지에 페놀 폐수가 유입된 국내 사상 최대의 환경오염 사건을 말한다.

이 사건의 영향이 얼마나 컸던지 그 사고가 일어난 지 14년이 지난 2005년 3월 16일에도 대구 환경운동 연합 활동가와 회원은 '우리는 수돗물을 생수처럼 마시고 싶다!' 란 슬로건으로 2.28 기념 공원 입구에서 '페놀사건 14주년 캠페인'이 열렸다.

캠페인 장소에는 수돗물을 가장 오염시키는 물질에 대한 설문 조사판, 수질 오염 방지 알림판, 페놀 피해 사진판 등이 전시되었고, 물의 소중함을 알리는 메시지가 적힌 상자를 쓰고 퍼포먼스를 펼쳤다.

페놀 사건은 1991년 3월 16일 시민의 제보로 시작되었다. 수돗물에서 심한 악취가 나고 물을 먹고 나니 이상한 증상이 일어난다는 것이었다. 조사 결과 구미 공단의 두산 전자에서 3월 14일 밤 10시부터 다음날 6시까지 8시간 동안 페놀 원액 30톤을 불법으로 방류한 사실이 드러났다. 두산 전자에서 흘려보낸 독극물이 옥계천을 지나 그대로 낙동강 원수에 흘러들어 천오백만 영남 지역 시민들의 식수로 쓰여진 것이다. 특히 직접 피해 지역인 대구에는 당시 42만 세대 162만 명이 페놀로 인한 피해를 입었다. 대구 인구의 71%에 달하는 사람들이다.

[가장 강력한 환경문제 해결책]

소비자의 불매운동도 환경문제에 대한 부분적인 해결책이 되는 것은 사실이다. 그러나 환경문제에 대한 가장 강력한 해결책은 환경 투자Environmental Investing를 통해서 이루어진다. 그렇다면 환경 투자란 무엇을 말하는가? 그것은 환경 경영을 적극적으로 추진하고 있는 기업에 투자함으로써 환경 보전 노력도 하면서 투자수익을 얻고자 하는 투자를 말한다.

사회 투자 포럼Social Investment Forum의 의장인 존 슐츠는 이렇게 말한 적이 있다.

"환경 문제는 사회 책임 투자 운동의 지배적인 사안이 될 것이다. 왜냐하면 그것은 환경문제가 그 자체에 비해 덜 정치적으로 보이기 때문이다."

만약 사회적 책임 투자단체 내에서 사회적으로 의식 있는 투자자들을 대상으로 가장 중요한 사안이 무엇인지를 투표로 결정한다면, 그것은 분명히 환경문제일 것이다. 미국 에너지성Department of Energy에 따르면, 20년 동안에 걸친 환경정화를 위한 비용은 640억 달러, 폐기물 사업에 230억 달러, 일상적인 환경의 규정된 요구를 위해 140억 달러, 총 1,010억 달러가 소요될 것으로 추정했다. 환경 정화를 위한 에너지성의 5년 계획을 실현하기 위해서는 에너지성의 필요한 시설을 위해 347억 달러의 연방재정지출이 필요하다.

[환경 투자의 실천 방법]

그렇다면 환경 투자의 실천은 어떻게 하는가? 첫째, 환경 경영을 하고 있는 기업의 회사채나 주식을 직접 매입하는 방법이 있다. 둘째, 간접 투자 방법으로 환경 펀드Eco-Fund에 투자하는 방법이 있다. 국내에도 이미 에코 펀드가 등장하였으며 사회 책임 투자자의 수가 증가하고 해가 지날수록 그 규모가 증가할 것으로 예상되고 있다.

환경 펀드는 전 세계 환경 관련 사업체에 투자하는 상품이다. 쉽게 말해, 매일 마시는 '생수'가 물 펀드에 포함될 수 있고, 대체 에너지 사업이 환경 펀드가 될 수 있다.

국내에서는 2007년 3월부터 물 펀드를 중심으로 한 환경 펀드가 출시 중이다. 환경 문제는 전 세계적 관심사인 만큼 환경 사업의 미래 성장성은 높은 편이다. 다만 신기술 개발에 시간이 걸리고, 낯선 분야라는 것이 단점이다.

지난 2003년부터 물 관련 산업의 주요 기업 주식을 대상으로 블룸버그 워터 지수가 발표되고 있다. 지금까지 이 지수는 187.2%가 올랐다. 같은 기간에 세계 증시는 74.5%, 국내 증시는 97.6%가 오른 점을 비교하면 무척 높은 수익률이다.

[환경 펀드의 종류]

환경 펀드에는 물펀드 이 외에도 대체 에너지 펀드가 있다. 이 펀드는 재생 에너지 및 대체 연료 개발 등 에너지 관련 기술에 투자하는 상품을 말한다. 특히 에너지 재활용 산업은 글로벌 에너지 업종 내에서 가파른 성장을 보이고 있다. 각국의 새로운 에너지 투자는 가속화될 전망이며, 한편으로 에너지 가격 상승에 대비한 위험 관리 수단이 될 수 있다.

지구 온난화 펀드도 환경 펀드의 일종이다. 이것은 지구 온난화 방지를 위한 세계적 전문 기업에 투자하는 주식형 펀드이다. 지구 온난화는 이상 기후의 주범으로 인식되고 있어 향후 시장 수요가 급증할 것으로 예상된다.

탄소 배출권 펀드는 투자자의 돈을 모아 온실 가스 감축 사업에 투자하고 탄소 배출권을 얻은 뒤 이를 배출권 거래 시장에서 되팔아 투자 수익을 내는 상품이다. 탄소 배출권 시장 규모는 2005년부터 1년 사이 2배 이상 급성장하고 있다. 국내는 2012년 이후 의무 감축 대상국에 포함될 가능성이 높다.

현재 국내에 출시된 환경 펀드는 해외 펀드를 벤치마킹한 '복제 펀드' 가 대부분이다. 물 펀드의 경우 주 복제 대상 해외 펀드는 KBC 사의 '에코 워터' 와 SAM 사의 '지속 가능한 물 펀드' 등이다.

[미켈란젤로의 그림이 주는 시사점]

시스틴 성당 천정의 미켈란젤로의 그림이 투자자에게 주는 시사점은 무엇일까? 하나님은 우리를 향해 도움을 주기 위해 손을 뻗치고 있지만 인간은 비스듬하게 누운 채 하나님이 내밀고 있는 손을 무시하고 있다. 우리가 손만 뻗으면 신성한 장소, 즉 평화와 정의의

세계에 다다를 수 있다.[96]

우리가 인간의 존엄성과 지속가능한 환경이 유지되는 세상에서 살고 싶다면 두 가지 차원에서 성과를 맺을 수 있도록 해야 한다. 우선 거시적 수준에서 금융제도, 정부, 기업이 인간의 존엄성과 지속가능한 환경을 주된 길잡이로 삼아야 한다. 그리고 개인적인 수준에서는 각 개인이 자신의 투자결정이 차이를 만들어 낼 수 있음을 인식하고, 정의와 지속가능한 환경이 우리의 가장 강력한 시민적 구조가 되도록 해야 한다.

지구자원은 줄어들고 있고 남은 시간은 많지 않다. 투자자들은 투자자금을 한 푼도 소홀히 취급해서는 안 된다. 환경투자, 더 나아가서는 사회책임투자자가 됨으로써 그 한 푼 한 푼이 힘을 발휘하도록 최선을 다해야 한다.

1. 이 장에서 '생태계의 위기' 란 무엇을 말하는지 쉽게 설명해 봅시다.

2. '창조하다', '짓다' 를 뜻하는 히브리어 'bara' 가 가지는 특별한 신학적 내용을 간단히 말해 봅시다.

3. 창세기에 의하면 하나님이 6일 동안에 천지를 창조하셨다고 말하지만, 지질학자는 우주가 생겨나서 지구와 그 안에 사는 생명체들이 생성되기까지에는 약 150억 년이 걸렸을 것이라고 주장한 바가 있다. 이 같은 차이를 '하나님의 시간과 사람의 시간' 개념으로 설명해 봅시다. 또 이를 뒷받침하는 성경 말씀을 인용해 봅시다.

   *참조 : 베드로 후서 3:8

4. 창조의 세계에 있어서 인간은 어떤 위치를 가져야 하는지 두 가지 측면에서 설명해 봅시다. 이것과 관련하여 인간이 환경을 파괴하게 된 것이 '땅을 정복하라' 를 오해해서 그렇다고 말할 수 있습니다. '땅을 정복하라' 의 바른 뜻을 새겨봅시다.

5. 당신은 아름다운 자연을 보면서 하나님의 존재를 느끼거나 임재를 느낀 경험이 있습니까? 서로의 경험을 나누어 봅시다. 또 이와 관련된 성경 말씀을 들어 봅시다.

   *시편 24:1 ; 시편 95:4 ; 로마서 1:20

6. 이 장에 소개하고 있는 환경오염 피해의 구체적 현상을 여섯 가지 들고 각각의 현상을 간단히 설명해 봅시다.

7. 저자는 환경문제에 대한 가장 강력한 해결책은 환경 투자라고 주장하고 있습니다. 당신은 저자의 주장에 동의하십니까? 또 환경투자를 통하여 어떻게 환경문제를 해결할 수 있는지 설명해 봅시다.

8. 다음 "페놀 사건의 세 얼굴"이란 글을 읽고 느낀 점을 서로 말해 봅시다.

"페놀 사건의 세 얼굴"[97]

페놀사건은 많은 과제를 남긴 채 정리되었지만 그럼에도 불구하고 공해기업에 대한 최초의 경고와 응징, 환경문제에 대한 국민의식 확산이라는 점에서 우리나라 환경운동사에 한 획을 그은 전환점이었음을 무시할 수 없다. 페놀사태에 대한 국민적 응징은 전국규모라는 점에서, 그리고 해당 공해기업의 전 제품을 대상으로 한 응징이라는 점에서 환경운동 사상 최초의 대규모 저항으로 기록된다. 두산제품 불매운동이 전국으로 확산되어 두산그룹이 엄청난 타격을 입었고 기업으로 하여금 공해에 대한 시민반응이 얼마나 무서운 것인지 각인시켜 준 것이다. 나아가 대기업 전반의 산업폐수에 대한 문제를 제기하였으며 국민 스스로도 자신이 버리는 생활하수가 심각한 환경오염의 원인이 된다는 것을 깨닫게 하였다.

무엇보다 환경문제에 대한 사회적 인식의 확산은 우리나라 시민운동, 특히 환경운동의 새로운 지평을 연 계기가 되었다. 이제 환경문제는 언제 어느 때, 누구도 피해 갈 수 없는 일임을 시민들이 깨닫게 된 것이다.

그러나 페놀사건은 다른 형태로 끊임없이 재연되고 있다. 1994년 낙동강 악취사건을 비롯하여 2004년 6월에는 구미공단으로부터 또다시 1, 4-다이옥신이 수돗물에 흘러드는 사태가 발생한 것이다.

페놀사건은 아직도 현재 진행형이다. 중금속이 섞인 눈비가 올 때마다, 수돗물을 켜고 쓸 때마다, 수돗물 염소 냄새를 맡으며 세수를 할 때마다 페놀사건의 악몽은 우리 의식 저 밑바닥에서 언제나 엄중한 경고를 타전한다.

chapter 12

투자 상담과 펀드 투자

"너는 네 떡을 물 위에 던져라 여러 날 후에 도로 찾으리라
일곱에게나 여덟에게 나눠 줄지어다
무슨 재앙이 땅에 임할는지 네가 알지 못함이니라" 전도서 11:1-2

Cast your bread upon the waters, for after many days you will find it again.
Give portions to seven, yes to eight,
for you do not know what disaster may come upon the land.

한국도 1950년대에는 가정마다 자녀들이 매우 많았다. 그 때는 아버지가 큰 아들이나 딸 하나를 잘 길러두면 그 아래 자녀들은 형이나 누나를 따라 쉽게 모든 것을 배웠다. 그런데 최근에 이르러서는 자녀가 둘이거나 하나인 가정이 많아졌다. 이런 가정에서 자라나는 자녀들은 역할 모델로 삼을 형제가 없어 부모에게 배우지 않으면 안 되는 형편이 되었다.

그래서 청년들은 직장생활을 하는 것도 어려워한다. 또한 이들이 투자를 할 때도 상담을 받지 않고 투자하다가 큰 낭패를 경험하

는 경우가 매우 많다. 여기서는 먼저 성경에서 상담의 원리를 배우고자 한다. 그리고 펀드 투자의 원리를 성경에서 찾아 정리하고자 한다.

먼저 상담의 원리를 알아보기 위해 누가복음 11장 5절에서 13절에 이르는 말씀을 묵상하고자 한다.

[기도는 하나님과 상담하는 수단]

우리는 어떤 일에 대해 더 깊게 알고자 할 때 상담을 하게 된다. 자녀들에 대해서 가장 잘 알고 있는 사람은 그를 낳은 부모인 것처럼 우리에 대해서는 우리를 창조하신 하나님이 가장 잘 알고 있다. 그렇다면 자녀들은 부모에게 인생의 중요한 일들을 상담해야 할 것이다. 그와 마찬가지로 사람은 누구나 하나님과 상담할 필요가 있다.

어떻게 하나님과 상담할 수 있는가? 여기서 기도는 하나님과의 상담 수단이 된다. 그래서 예수 그리스도는 스스로 하나님과 기도하실 뿐만 아니라 제자들에게도 기도의 중요성을 유난히 강조하시면서 가르치고 있다.

특히 누가복음 11장은 예수께서 어느 날 한 곳에서 기도하시고 마치실 때 제자 중 하나가 이렇게 요청을 한다.

"주여, 요한이 자기 제자들에게 기도를 가르친 것과 같이 우리에게도 가르쳐 주옵소서" 누가복음 11:1.

예수 그리스도는 제자의 요청에 "너희는 기도할 때에 이렇게 하라" 고 다음의 기도의 모델을 제시하시고 있다.

"아버지여 이름이 거룩히 여김을 받으시오며
나라가 임하시오며
우리에게 날마다 일용할 양식을 주시옵고
우리가 우리에게 죄 지은 모든 사람을 용서하오니 우리 죄도 사하여 주시옵고
우리를 시험에 들게 하지 마시옵소서" 누가복음 11:2-4.

주님의 기도는 크게 두 종류의 간구로 이루어져 있다. 처음 두 가지 간구는 하나님과 관련이 있고 마지막 세 가지 간구는 우리와 직접적인 관계가 있다. 이 내용은 앞부분에서 이미 한 번 소개하였기 때문에 여기서는 더 이상 설명하지 않기로 한다.

예수께서는 기도의 모형을 제시한 후에 누가복음의 독특한 형식으로 된 비유로 기도에 대한 가르침을 계속하신다.

[친구의 비유로 강청의 기도를 가르치심]

"너희 중에 누가 벗이 있는데 밤중에 그에게 가서 말하기를 벗이여 떡 세 덩이를 내게 꾸어 달라
내 벗이 여행 중에 내게 왔으나 내가 먹일 것이 없노라 하면
그가 안에서 대답하여 이르되 나를 괴롭게 하지 말라 문이 이미 닫혔고 아이들이 나와 함께 침실에 누웠으니 일어나 네게 줄 수가 없노라 하겠느냐
내가 너희에게 말하노니 비록 벗됨으로 인하여서는 일어나서

주지 아니할지라도 그 간청함을 인하여 일어나 그 요구대로 주리라" 누가복음 11:5-8.

[기도응답에 대한 확신]

예수 그리스도는 삼중적인 시의 형식을 빌어서 간청하는 자뿐만 아니라 기도하는 자마다 하나님으로부터 응답을 받는다는 기도응답의 확신을 마태복음 7장 7절과 8절에서와 같이 누가복음에서도 제시하고 있다. 시의 형식을 빌린 주님의 기도응답의 확신에 대한 가르침을 들어보자.

"내가 또 너희에게 이르노니
구하라 그러면 너희에게 주실 것이요
찾으라 그러면 찾아낼 것이요
문을 두드리라 그러면 너희에게 열릴 것이니
구하는 이마다 받을 것이요
찾는 이는 찾아낼 것이요
두드리는 이에게는 열릴 것 이니라" 누가복음 11:9-10.

예수 그리스도는 아주 이상한 예를 들면서 하나님은 우리의 간구에 친절하게 응답하신다는 점을 강조하고 있음을 볼 수 있다.[98] 이 강조의 주장에는 두 단계가 있다. 첫째, 하나님은 하늘에 계신 아버지이시고 하나님은 이 땅의 아버지보다 결코 못해주지 않으신다. 둘째, 하나님은 완전하셔서 죄성이 있는 아버지보다 더 잘 해주실 것이다. 먼저 예수님의 가르침에 다시 경청해 보자.

[악한 아버지와 의로우신 하늘 아버지]

"너희 중에 아버지 된 자로서 누가 아들이 생선을 달라 하는데 생선 대신에 뱀을 주며

알을 달라 하는데 전갈을 주겠느냐

너희가 악할지라도 좋은 것을 자식에게 줄 줄 알거든 하물며 너희 하늘 아버지께서 구하는 자에게 성령을 주시지 않겠느냐" 누가복음 11:11-13.

여기서 누가는 마태와는 달리 하나님은 기도하는 자에게는 반드시 약속된 '성령' the Holy Spirit을 주신다고 구체적으로 밝히고 있다. 마태는 단순히 구하는 자에게 하나님께서 '좋은 것' good gifts을 주실 것이라고 기록하고 있다. "너희가 악한 자라도 좋은 것으로 자식에게 줄 줄 알거든 하물며 하늘에 계신 너희 아버지께서 구하는 자에게 좋은 것으로 주시지 않겠느냐" 마태복음 7:11.

이제 예수 그리스도의 기도에 관한 가르침을 정리해 보자. 먼저 기도의 모델을 제시한 후, 친구 관계와 부자 관계를 통하여 기도에 대해서 가르쳐주시고 있다. 누가복음 11:5-8에서는 강청하면 들어주는 하나님에 대해 강조를 하고 있다. 그리고 누가복음 11:9-13에서

는 의로운 천부께서 구하는 자에게 반드시 성령을 주신다고 반복적으로 기도의 중요성을 강조하고 있다.

마태복음 7장 11절에서는 구하는 자에게 하나님께서 좋은 것을 주신다고 기록하고 있지만, 누가복음 11장 13절에서는 기도하는 자에게 성령을 주신다고 기록하고 있는 것을 알 수 있다. 왜 성령을 주신다고 하셨을까? 그것은 예수 그리스도께서 요한복음 14장 16절과 26절, 그리고 15장 26절에서 자신이 하나님 아버지께 구하여 또 다른 보혜사another Counselor를 제자들에게 보내주도록 하겠다고 약속하셨기 때문이다. 여기서 성령을 또 다른 보혜사로 지칭한 것은 예수 그리스도께서도 지상에 계실 때 제자들과 많은 사람들에게 보혜사, 즉 상담자 역할을 하셨기 때문이다.

"내가 아버지께 구하겠으니 그가 또 다른 보혜사를 너희에게 주사 영원토록 너희와 함께 있게 하리니" 요한복음 14:16.

"보혜사 곧 아버지께서 내 이름으로 보내실 성령 그가 너희에게 모든 것을 가르치고 내가 너희에게 말한 모든 것을 생각나게 하리라" 요한복음 14:26.

"내가 아버지께로부터 너희에게 보낼 보혜사 곧 아버지께로부터 나오시는 진리의 성령이 오실 때에 그가 나를 증언하실 것이요" 요한복음 15:26.

여기서 보혜사는 헬라어로 파라클레토스parakletos이다.[99] 파라클

레토스는 '다른 사람에게 도움을 베풀도록 곁에 부름을 받은 자'로 '변호사, 조력자, 위로자, 상담자, 친구'를 뜻한다. 성령을 보내주시는 주된 목적은 예수 그리스도가 부활하여 승천한 후에 제자들과 영원토록 함께 있게 하고, 그가 모든 것을 가르치시고, 주께서 말씀하신 것을 생각나게 하시는 것이다. 또 예수 그리스도에 대해 증거를 하시기 위한 것이다. 우리의 기도를 통하여 성령께서 하나님의 말씀을 생각나게 하시면 우리의 모든 문제, 특히 투자 문제도 상담을 받을 수 있게 된다.

[상담하시는 주의 말씀]

시편 기자는 다음과 같이 노래하고 있다.

"주의 증거는 나의 즐거움이요 나의 모사니이다" 시편 119:24.

기도는 하나님과 상담하는 중요한 수단이지만 하나님과 상담하는 방법에 기도 못지않게 중요한 방법이 바로 말씀이다. 그래서 시편 기자는 주의 증거와 상담을 할 때 자신에게 즐거움이 있었다고 고백한다. 여기서 '모사'는 바로 상담자를 뜻한다. 시인은 하나님의 말씀과 상담할 때 어려운 환경 속에서도 즐거움을 느끼고 위로를 얻고 안내를 받을 수 있었다고 노래하고 있다.

또 다른 곳에서는 시인은 이렇게 노래하고 있다.

"내가 네 갈 길을 가르쳐 보이고 너를 주목하여 훈계하리로다"

시편 32:8.

"I will instruct you and teach you in the way you should go ; I will counsel you and watch over you."

[전문 재무 설계사의 상담]

우리는 하나님과 기도와 말씀으로 상담을 받을 뿐만 아니라 전문 재무설계사로부터 재무설계와 투자에 관한 상담을 받아야 할 것이다. 왜냐하면 잠언은 여러 곳에서 우리에게 상담의 유익에 대해 교훈하고 있기 때문이다. 어떤 계획을 성공적으로 수행하기 위해서는 많은 사람으로부터 좋은 상담을 받는 것이 좋다. 이것은 개인적인 차원에서도 필요하고 국가적인 차원에서도 필요하다.

"의논이 없으면 경영이 무너지고 지략이 많으면 경영이 성립하느니라" 잠언 15:22.

Plans fail for lack of counsel, but with many advisers they succeed.

"지략이 없으면 백성이 망하여도 지략이 많으면 평안을 누리니라" 잠언 11:14.

For lack of guidance a nation falls, but many advisers make victory sure.

상담이 부족하면 우리의 투자계획이 실패하지만 많은 상담자와 상담을 하면 투자계획이 성공할 수 있다. 그러나 한 가지 유의할 것은 크리스챤의 상담이라고 해서 맹목적으로 따르지 말고 성경의 투자 원리에 기초해서 상담해 주는 투자 상담자를 찾아서 상담을 받는 것이 중요하다.

[가장 가까운 상담자]

우리가 상담을 받는 대상으로 배우자를 빠뜨려서는 안 된다. 하나님께서는 결혼 제도를 허락하실 때부터 배우자와 상담하도록 지으셨다는 것을 기억할 필요가 있다. 전문 상담자는 때때로 자신의 욕심을 위해 상담해 주기도 하지만 배우자는 그렇지 않다. 부부가 서로서로 의논하여 결정하지 않고 독단적으로 결정을 하여 낭패보는 경우를 주변에서 자주 접하게 된다. 남편도 하나님의 지혜를 구하면서 의사결정을 하여야 하지만, 아내도 남편과 의논해야 가장 좋은 결정을 할 수 있다. 지혜로운 여인은 상담을 통하여 집을 세우는 역할을 한다. 그래서 솔로몬은 다음과 같이 교훈하고 있다.

"지혜로운 여인은 자기 집을 세우되 미련한 여인은 자기 손으로 그것을 하느니라" 잠언 14:1.

[분산 투자의 근거]

우리가 선택해야 할 투자 전략에는 집중 투자 전략과 분산 투자 전략이 있다. 집중 투자 전략은 우리가 가진 모든 돈을 가장 가치 있는 곳에 전부 투자하는 전략을 말한다. 이것은 가치가 매우 큰 투자 대상을 발견하고 그것이 완전히 확실하다고 판단될 때 적용할 수 있는 투자 전략이다. 성경에서는 그런 투자를 할 수 있는 경우는 천국밖에 없다고 말하고 있다. 마태복음 13장에 나오는 쌍둥이 비유는 집중투자에 대한 좋은 예라 할 수 있다. 이 중에서 마태복음 13장 44절의 '숨겨진 보화 비유'는 한 번 소개한 바가 있기 때문에 여기서는 '진주 비유'를 소개한다. 그러나 쌍둥이 비유가 각각 의미하는 것은 동일하다. 즉, 천국의 가치가 크기 때문에 사람들은 그것을 소유하기 위해 자신이 가진 모든 것을 기꺼이 희생하려고 한다는 진리를 가르쳐 주고 있다.

"또 천국은 마치 좋은 진주를 구하는 장사와 같으니
극히 값진 진주 하나를 발견하매 가서 자기의 소유를 다 팔아 그 진주를 사느니라" 마태복음 13:45-46.

그런데 현실 세계에서는 천국처럼 확실한 투자는 없다. 대부분의 경우에는 불확실한 상황에서 투자를 하게 된다. 불확실성이 존재하는 투자일 때는 집중투자보다 분산투자를 선택하는 지혜가 필요하다. 분산투자의 근거를 제시하는 말씀은 전도서에서 찾을 수 있다.

"너는 네 떡을 물 위에 던져라 여러 날 후에 도로 찾으리라 일곱에게나 여덟에게 나눠 줄지어다 무슨 재앙이 땅에 임할는지 네가 알지 못함이니라" 전도서 11:1-2.

이 구절을 자선과 관련하여 해석하는 경우도 있으나 11장 4절에서 6절의 말씀이 의미하는 것과 연결해서 해석하는 것이 더 맞다.[100] 미래는 불확실하기 때문에 어느 정도의 추정된 위험을 수용하여 자본을 여러 투자 기회에 분산하여 투자하게 되면 어떤 투자는 실패하더라도 상당한 투자는 성공하여 투자수익을 얻을 수 있다고 믿는 것이다. 솔로몬은 투자를 할 때 신중을 기하면서도 자연의 법칙을 따라 부지런히 투자할 것을 권하고 있다. 왜냐하면 우리는 어떤 투자가 실패하고 어떤 투자가 성공할지 알지 못하기 때문이다.

"너는 아침에 씨를 뿌리고 저녁에도 손을 놓지 말라 이것이 잘 될는지, 저것이 잘 될는지, 혹 둘이 다 잘 될는지 알지 못함이니라" 전도서 11:6.

전도서의 분산 투자의 원리를 과학적으로 증명한 것이 바로 포트폴리오 이론이다. 포트폴리오 이론은 여러 자산에 나누어 분산 투자를 할 때 투자위험이 감소한다는 것을 수학적으로 밝힌 이론이다. 1990년 노벨 경제학상을 받은 마코위츠에 의해 1950년대에 개발되었기 때문에 '마코위츠 이론' 이라고도 한다.

[펀드 투자의 이해]

많은 개인투자자들이 직접 주식투자를 통해 많은 투자손실을 경험하였기 때문에 최근에는 펀드를 통한 간접 투자가 크게 인기를 얻고 있다. 그런데 펀드는 무엇을 말하는가? 펀드란 '여러 사람이 자금을 모아 어떠한 목적을 위해 관리 운영되는 돈의 집합' 을 말한다.

왜 최근에 펀드 투자가 유행하는가? 다음과 같은 몇 가지 이유가 있다. 첫째, 그동안 개인투자자가 직접 주식투자를 하여 많은 실패를 하였다. 둘째, 저금리 시대가 계속 되고 있다. 셋째, 우리 사회가 이미 고령화 사회에 진입하였고, 곧 고령 사회로 진입될 것이다.[101] 넷째, 이전에 과중한 부동산 투자가 있었고 정부가 부동산에 대한 세제를 강화하고 있다. 다섯째, 펀드 투자에 대한 이론적 뒷받침이 있다.

그런데 펀드 투자도 장단점이 있다. 펀드 투자의 장점으로 다음과 같이 몇 가지를 들 수 있다. 첫째, 소액 분산 투자이다. 소액으로 여러 증권에 분산투자가 가능한 것이다. 둘째, 다양한 자산에 대한 투자가 가능하다. 즉, 적은 투자금액으로도 주식, 채권, 선물, 옵션에 대한 투자를 할 수 있다. 셋째, 전문가에 의한 투자를 할 수 있다. 펀드에 운용되는 자산은 전문 펀드 매니저가 직접 관리를 하고 있다.

물론 펀드 투자의 단점도 다음과 같이 들 수 있다.

첫째, 전문가가 펀드 자산을 운용한다 하더라도 원금 손실이 발생할 우려는 있다. 왜냐하면 펀드는 실적 배당 금융상품이기 때문이다. 둘째, 펀드 투자를 할 경우 펀드의 보수 및 수수료가 발생한다. 지금은 그 수수료가 2% 전후다. 이 펀드 수수료는 펀드의 형태가 채권형 또는 주식형에 따라 달라질 수 있다. 채권형의 수수료가 주식형보다 상대적으로 낮다. 그것은 채권형 펀드의 기대수익률과 위험이 주식형 펀드의 기대수익률과 위험에 비해 낮기 때문이다.

[펀드의 종류]

펀드의 종류는 기본적으로 채권에 대부분을 투자하는 채권형 펀드와 주식에 대부분을 투자하는 주식형 펀드, 그리고 채권과 주식을 혼합해서 투자하는 혼합형 펀드가 있다. 이 세 펀드의 투자 특성은 기대수익률과 위험으로 파악할 수 있다.

주식형 펀드는 주식에 60% 이상 투자하는 펀드이기 때문에 기대수익률이 가장 높고 투자 위험도 제일 높다. 채권형 펀드는 채권에 100% 투자하는 펀드이기 때문에 기대수익률이 낮은 대신에 투자 위험도 낮다. 혼합형 펀드는 채권이나 기타 유동자산에 50~70%, 주식에 30~50%를 나누어 투자하는 펀드이기 때문에 기대수익률과 위험이 주식형 펀드와 채권형 펀드의 중간이다.

세 펀드 가운데 어느 펀드를 선택할 것인가는 투자자의 투자성향에 따라 달라진다. 즉, 안정적으로 수익을 얻고자 하는 투자자는 채권형 펀드를 선택하는 것이 좋고 어느 정도의 위험을 감수하더라도 높은 수익을 추구하는 투자자는 주식형 펀드를 선택하면 된다. 그리고 그 중간이라면 혼합형 펀드에 가입하면 될 것이다.

[국내 펀드와 해외 펀드의 투자 비율]

펀드를 국내 펀드와 해외 펀드로 구분하기도 한다. 국내 펀드는 국내의 주식이나 채권에 투자를 하는 펀드이고, 해외 펀드는 해외의 주식이나 채권에 투자하는 펀드를 말한다. 물론 해외 펀드도 기본적으로 주식형 펀드, 채권형 펀드, 그리고 혼합형 펀드로 나누어진다. 국내 펀드와 해외 펀드에 대한 투자 비중을 어떻게 하는 것이 좋을까? 해외 펀드는 국내 펀드에 비해 기대수익률이 높을 수 있지만 외환 위험 등 여러 가지 위험도 있기 때문에 처음부터 해외 펀드에 지나치게 투자하지 않는 것이 좋다.

[펀드의 선택 원칙]

최근 펀드 종류와 규모가 해마다 증가하고 있는 추세이다. 그렇다면 수많은 펀드 중에서 어떤 펀드를 선택해야 하는가? 그 선택의 원칙을 몇 가지 소개해 본다.

첫째, 가능하면 오래된 펀드를 고르는 것이 좋다. 신규로 설정된 펀드는 그 실적을 전혀 알 수 없기 때문이다.

둘째, 운용회사를 보고 펀드를 선택해야 한다. 펀드 매니저를 보고 투자하기 보다는 운용회사의 신용과 투자 철학을 살피는 것이 더 중요하다.

셋째, 단순한 펀드를 골라야 한다. 어떤 펀드는 투자자가 이해하기 어려운 조건으로 설계되어 있다. 원금보장형 펀드나 주가지수연

동증권과 같이 단순한 펀드가 좋다.

넷째, 투자전략이 명확한 펀드가 좋다. 가치주 펀드, 성장주 펀드, 국공채 펀드와 같이 투자전략을 쉽게 이해할 수 있는 펀드를 고르는 것이 필요하다.

다섯째, 자산규모가 늘어나는 상품을 선택하는 것이 좋다. 자산규모가 늘어난다는 것은 투자자들이 그 펀드의 실적에 대해 만족한다는 신호가 되기 때문이다.

여섯째, 적립식은 위험분산 효과가 크기 때문에 적립식 펀드를 선택하는 것이 좋다. 펀드 자체가 여러 자산에 분산투자를 하기 때문에 위험 감소효과가 있다. 그리고 적립식 펀드는 투자기간에 대한 위험을 줄일 수 있다. 적립식 펀드는 자산의 가격이 높을 때 투자한 것은 자산의 가격이 낮을 때 투자한 것으로 매입가격을 낮출 수 있기 때문이다.

마지막으로, 수익률이 안정된 펀드를 선택하는 것이 좋다. 이것은 일정 기간에 높은 투자수익을 낸 펀드보다 꾸준하게 수익을 내는 펀드를 선택해야 한다는 뜻이다.

chapter 12
정리를 위한
토론문제

1. 저자는 기도로 하나님과 상담할 수 있다고 주장하는데 당신의 생각은 어떠합니까? 또 그는 하나님과의 상담 수단으로 '말씀' 을 들고 있습니다. 이 두 가지 상담 수단에 대해 서로의 의견을 말해 봅시다.

2. 예수 그리스도는 친구와의 관계, 아버지와의 관계, 그리고 하나님과의 관계를 통해서 발전적으로 기도에 대해 가르치고 있습니다. 실제로 당신에게 어려운 문제가 있을 때 누구와 상담하는 경향이 있습니까? 우리는 누구와 더 자주 상담할 필요가 있습니까? 또 왜 그렇게 생각합니까?

3. 마태복음 7장 11절에서는 구하는 자에게 하나님께서 좋은 것을 주신다고 기록하고 있지만, 누가복음 11장 13절에서는 기도하는 자에게 성령을 주신다고 기록하고 있는 것을 알 수 있습니다. 왜 누가는 우리가 기도를 하게 되면 하나님께서 성령을 주신다고 했을까요?

*참조 : 요한복음 14:16 ; 14:26 ; 15:26.

4. 우리는 하나님으로부터 기도와 말씀으로 상담을 받을 뿐만 아니라 전문 재무설계사로부터 재무설계와 투자에 관한 상담을 받을 필요도 있습니다. 그 이유를 성경에서 찾아봅시다. 그리고 당신의 의견을 말해 봅시다.

*참조 : 잠언 11:14 ; 15:22 등

5. 당신이 투자를 할 때 재무설계사와 같은 전문가로부터 상담을 받은 적이 있으면 그 경험을 나누어 봅시다.

6. 다음 전도서 11:1-2을 읽고 이 구절이 분산투자의 근거가 된다는 것을 서로 확인해 봅시다. 또 1950년대에 나온 '포트폴리오 이론'도 간단히 설명하면서 하나님의 말씀의 탁월성에 대해 서로의 의견을 나누어 봅시다.

"너는 네 떡을 물 위에 던져라 여러 날 후에 도로 찾으리라
일곱에게나 여덟에게 나눠 줄지어다 무슨 재앙이 땅에 임할는지 네가 알지 못함이니라."

7. 펀드의 의미, 장단점, 그리고 종류에 대해 각각 설명해 봅시다. 당신은 주식형 펀드, 채권형 펀드, 그리고 혼합형 펀드 중에서 어떤 펀드가 자신의 투자 성향에 맞는지 말해 봅시다.

8. 다음 펀드를 간단히 설명해 봅시다. 또 펀드를 선택하는 원칙을 간단히 설명해 봅시다.

배당 펀드, SRI 펀드, REITs 펀드, 에코 펀드, 기업지배구조개선펀드

chapter 13

영원한 투자

"오직 너희를 위하여 보물을 하늘에 쌓아 두라 거기는 좀이나 동록이 해하지 못하며 도둑이 구멍을 뚫지도 못하고 도둑질도 못하느니라" 마태복음 6:20

But store up for yourselves treasures in heaven, where moth and rust do not destroy, and where thieves do not break in and steal.

[영원히 가치있는 투자]

우리가 저축하고 투자하는 것은 시간적인 제한 속에서 이루어진다. 그런데 인생의 시간이 얼마나 빨리 지나가는지 정신을 차릴 수 없다. 그래서 시편 기자의 고백이 우리의 고백이 된다. "우리의 연수가 칠십이요 강건하면 팔십이라도 그 연수의 자랑은 수고와 슬픔뿐이요 신속히 가니 우리가 날아가나이다" 시편 90:10. 금융 자산과 실물 자산에 대한 투자도 그만 둘 날이 우리에게 곧 올 것이다. 그래서 모든 투자자들은 영원한 가치가 있는 투자를 하려고 한다. 어떻게 영원한 투자를 할 수 있을까? 이에 대한 해답을 예수 그리스도께서 알려주고 있다.

[영원한 투자의 기초]

먼저 마태복음 6장 19절과 20절을 살펴보자.

"너희를 위하여 보물을 땅에 쌓아 두지 말라 거기는 좀과 동록이 해하며 도둑이 구멍을 뚫고 도둑질 하느니라

오직 너희를 위하여 보물을 하늘에 쌓아 두라 거기는 좀이나 동록이 해하지 못하며 도둑이 구멍을 뚫지도 못하고 도둑질도 못하느니라."

이 두 구절은 우리에게 쌓을 수 있는 두 종류의 보물이 있다고 말하고 있다. 그 하나는 땅에 쌓아두는 보물이고 다른 하나는 하늘에 쌓아둔 보물이다. 그런데 그리스도인들은 이 두 가지 보물 가운데 하나를 선택해야 한다. 그리스도인이라면 당연히 하늘에 쌓아둔 보물을 선택하게 되어있다.

왜 그런가? 그리스도인은 돈을 사랑하는 것은 악한 것이라는 것을 알기 때문이다(디모데 전서 6:10). 또한 하늘나라 상속자는 말세에 재물을 쌓아두는 것이 근시안적인 것이라는 것도 알고 있다(야고보서 5:2-3).

예수 그리스도의 부에 대한 이러한 부정적인 가르침에도 불구하고 성경은 다른 곳에서 그리스도인은 가족을 부양할 책임이 있으

며(디모데 전서 5:8), 미래를 위해 부지런히 일하고 저축할 것을 가르치고 있다(잠언 6:6-8). 또 성경은 우리에게 창조주께서 주신 각양 좋은 것을 즐기도록 격려하고 있다(디모데 전서 4:3-4; 6:17). 예수는 우리가 잘못된 가치에 이기심을 가지지 않도록 관심을 가지고 계신다. 그의 제자들은 자신들을 위해 보물을 쌓지 말고 그들의 마음이 어디에 있는지 솔직하게 물어봐야 할 것이다.[102]

마태복음 6장 19절은 결국 그리스도인들이 미래를 위해 적절히 준비하는 것 자체를 금지하는 것이 아니라 쌓아두기만 하는 구두쇠나 항상 더 가지기를 원하는 물질주의자의 탐심을 경계한 것이다. 그러나 자신은 미래를 준비하기 위해 쌓는다고 하면서 실제로 자신의 생각과 행동은 구두쇠나 물질주의자와 같다면 어리석은 일이다.

땅의 보물은 좀이 먹을 수 있는 의류가 될 수 있다. 패션은 잘 변하지 않을 수 있고 의복은 물려줄 수는 있지만 이들은 해어지고 가치가 떨어지는 법이다. 동록은 쇠붙이가 삭아지는 것도 의미하지만 쥐가 해치는 것도 뜻한다. 부패가 덜 된 보물은 도둑이 들어와서 훔쳐갈 수 있다. 가치투자자라면 누가 시간이 지날수록 가치가 하락하는 이런 투자를 하려고 하겠는가!

[더 나은 투자]

땅의 보물과는 달리 하늘의 보물은 좀이나 동록이 해하지 못하며 도둑이 구멍을 뚫지도 못하고 도둑질도 못하게 된다. 여기서 하늘의 보물은 이 땅에서 행해지는 것으로부터 얻게 되는 선하고 영원한 가치가 있는 모든 것, 즉 의로운 행동을 하는 것, 그리스도를 위해 고난을 받는 것, 서로 서로 용서하는 것 등을 의미한다. 이 모든 것은 보상의 약속이 있다. 자발적인 나눔(디모데 전서 6:13-19)[103]을 포함한 다른 사랑의 행동도 하늘에 쌓을 수 있는 보물이다. 이것이 바로 더 나은 투자, 즉 영원한 투자에 대한 교훈이다.

['양과 염소 비유' 와 영생을 위한 투자]

이제 '양과 염소 비유' 를 통해서 영생을 위한 투자에 대하여 정리해 보자. 먼저 비유의 내용을 간단히 살펴보는 것이 좋을 것이다.

"인자가 자기 영광으로 모든 천사와 함께 올 때에 자기 영광의 보좌에 앉으리니" 마태복음 25:31.

여기서 인자는 예수 그리스도를 지칭한다. 이것은 예수 그리스도의 재림의 모습을 예언한 것이라 볼 수 있다. 그리고 비유가 다음과 같이 이어진다.

"모든 민족을 그 앞에 모으고 각각 구분하기를 목자가 양과 염소를 구분하는 것 같이 하여

양은 그 오른편에 염소는 왼편에 두리라" 마태복음 25:32-33.

'양과 염소 비유' 를 하나의 비유라기보다는 예언이라고 보는 편이 낫다는 입장도 있다. 그 이유는 31절에서 46절까지 총 16절 중에 비유라고 볼 수 있는 부분은 고작 32절과 33절 2절 뿐이기 때문이다.[104]

이 두 절은 목자가 양과 염소를 분리해서 양은 오른 편에, 염소는 왼편에 두게 될 것이라고 말한다. 이것은 예수님 당시 목축업의 흔한 장면이었다. 당시의 목자들은 양들과 염소들을 섞어서 치는 것이 보통이었다. 낮에는 양과 염소가 섞여서 풀을 뜯지만 밤이 되면 양과 염소가 분리된다. 양은 추위를 견딜 수 있기 때문에 탁 트인 곳에서 자기를 좋아하고 염소는 추위에 약해서 바람이 들어오지 않는 곳에서 자기를 좋아한다. 그래서 밤이 되면 양과 염소를 분리해서 따로 재운다.

이 말씀은 "이 천국 복음이 모든 민족에게 증언되기 위하여 온 세상에 전파되리니 그제야 끝이 오리라" 마태복음 24:14가 성취되는 것을 전제로 하고 있다. 그리고 여기서 모든 민족은 이방인과 유대인 모두를 포함한다. 그래서 복음이 모든 민족에게 전파되면 우리 모두는 왕이신 예수 그리스도 앞에 서서 심판을 받아야 한다. 마지막 심판의 때에 임금이신 예수 그리스도가 그 오른편에 있는 자들에게 이렇게 말하게 된다.

[영생의 증거]

"내 아버지께 복 받을 자들이여 나아와 창세로부터 너희를 위하여 예비된 나라를 상속받으라

내가 주릴 때에 너희가 먹을 것을 주었고

목마를 때에 마시게 하였고

나그네 되었을 때에 영접하였고

헐벗었을 때에 옷을 입혔고
병들었을 때에 돌보았고
옥에 갇혔을 때에 와서 보았느니라" 마태복음 25:34-36.

왕이신 예수 그리스도가 오른 편에 있는 자들에게 이와 같이 심판을 내리자 의인들이 깜짝 놀라는 반응을 보이며 반문하는 형식으로 대답하고 있다.

"주여 우리가 어느 때에
주께서 주리신 것을 보고 음식을 대접하였으며
목마르신 것을 보고 마시게 하였나이까
어느 때에 나그네 되신 것을 보고 영접하였으며
헐벗으신 것을 보고 옷 입혔나이까
어느 때에 병드신 것이나
옥에 갇히신 것을 보고 가서 뵈었나이까" 마태복음 25:37-39.

놀라는 제자들을 보고 왕이신 예수께서 하는 답은 의외로 간단하다.

"내가 진실로 너희에게 이르노니 너희가 여기 내 형제 중에 지극히 작은 자 하나에게 한 것이 곧 내게 한 것이니라" 마태복음 25:40.

[영벌의 증거]

이어서 왕은 왼편에 있는 자들에게 다음과 같은 판결을 내리신다.

"저주를 받은 자들아 나를 떠나 마귀와 그 사자들을 위하여 예비된 영원한 불에 들어가라

내가 주릴 때에 너희가 먹을 것을 주지 아니하였고

목마를 때에 마시게 하지 아니하였고

나그네 되었을 때에 영접하지 아니하였고

헐벗었을 때에 옷 입히지 아니하였고

병들었을 때와

옥에 갇혔을 때에 돌보지 아니하였느니라" 마태복음 25:41-43.

왼편에 있는 자들도 오른편에 있는 자들과 마찬가지로 판결 결과에 무척 놀라서 대답한다.

"주여 우리가 어느 때에 주께서 주리신 것이나 목마르신 것이나 나그네 되신 것이나

헐벗으신 것이나 병드신 것이나 옥에 갇히신 것을 보고 공양하지 아니하더이까" 마태복음 25:44.

악인들의 질문에 왕께서는 이렇게 대답한다.

"내가 진실로 너희에게 이르노니 이 지극히 작은 자 하나에게 하지 아니한 것이 곧 내게 하지 아니한 것이니라" 마태복음 25:45.

[영생과 영벌의 심판기준]

이 비유의 내용을 좀 장황하게 저자가 다시 편집을 하여 나열한 이유는 그리스도인으로서 이 비유가 어떻게 영원한 투자를 할 수 있는가에 대한 핵심적인 원리를 가르쳐주고 있기 때문이다. 위의 내용을 자세히 관찰해 보면 마지막 심판에서 양과 염소의 분리 기준이 자선을 베푼 것과 베풀지 않은 것으로 드러나 있다.[105] 왼편에 있는 자들은 자신들이 모르는 죄를 지어서 영벌을 받는 것이 아니라 주님께서 계속 하라고 말씀하시는 것을 행하지 않았기 때문이다.

그렇다고 해서 오른편에 있는 자들이 자선을 행했기 때문에 영생을 얻은 것은 아니다. 하늘나라는 선행의 결과로 차지하는 것이 아니라 하나님의 자녀이기 때문에 하나님 아버지의 유산을 받는 것이다.

우리에게 또 다른 질문이 생길 수 있다. 만일 자선이 구원의 기준이 아니라면 어째서 이 비유에서는 영생과 영벌의 기준으로 자선이 언급되어 있는가?[106] 이에 대해 카슨은 "이 비유에서 왕국에 들어가는 이유는 원인보다는 증거면에서 제시되어 있다."고 말한다. 다시 말해서 자선을 베풀고 안 베푼 것이, 천국 입성의 원인이 아니라, 천국 입성자들의 증거라는 말이다.

마지막으로 우리가 가질 수 있는 질문은, 여기서 말하는 '내 형제 중에 지극히 작은 자 하나' 는 누구를 지칭하는가? 이다. 그것은 예수님을 믿는 자들을 가리킨다. 이 해석을 뒷받침할 수 있는 말씀이 마태복음 12장에 나와 있다. 예수 그리스도는 제자들에게 이렇게 답한 적이 있다. "누구든지 하늘에 계신 내 아버지의 뜻대로 하는 자가 내 형제요 자매요 어머니이니라" 마태복음 12:50.

이제 우리가 하늘나라에 보물을 쌓는 비결을 배웠다. 그것은 예수 그리스도를 믿는 자 중에 어려운 환경에 처해 있는 자들을 기회가 있을 때마다 적극적으로 도우는 것이다. 본문에서 선행을 베풀 수 있는 경우를 구체적으로 여섯 가지로 반복적으로 제시하고 있다. 왜 이렇게 반복적으로 제시하셨을까? 그것은 이것을 정확히 알고 잘 기억하여 실천할 수 있도록 하기 위해서다.

[나눔에 대한 구체적 지침]

영원한 투자가 되는 나눔에 대한 지침은 무엇인가? 구약에서는 십일조가 기준이 되지만 신약에서는 자발적이다. 그리고 나눔은 사랑에 대한 시험이 된다. 신약의 십일조에 대한 기준은 고린도 전서 16장 1절과 2절에 잘 나타나 있다.

"성도를 위하는 연보에 관하여는 내가 갈라디아 교회들에게 명한 것 같이 너희도 그렇게 하라 매주 첫날에 너희 각 사람이 수입에 따라 모아 두어서 내가 갈 때에 연보를 하지 않게 하라."

이 말씀은 다음과 같은 나눔에 대한 질문에 구체적인 지침을 제공하고 있다.

*누가? 우리들 각자가

*언제? 매주 첫째 날에 규칙적으로

*어떻게? 수입의 크기에 따라, 계획한 대로 능력에 근거하여

*왜? 하나님께서 명하심으로

*어디에? 하나님의 교회에 주라.

[영원한 투자의 단계]

여기서 우리가 주목해야 할 것은 다른 사람에게 재물을 나눠 준 것이 영원한 투자가 된다는 사실이다. 제임스 힌들은 영원한 투자에는 네 단계가 있다고 설명하고 있다.[107]

1단계는 믿지 않는 자의 투자와 나눔이다. 이 상태를 두 개의 원, 즉 투자의 원과 나눔의 원으로 표시할 수 있다. 투자의 원은 크고 나눔의 원은 매우 작으며 두 개의 원이 떨어져 있다. 자신을 위해 저축하고 투자하는 금액은 크지만 남에게 나누는 액수는 무시될 정도로 적다. 그러나 이 사람은 예수를 믿지 않는 상태라 적은 나눔조차도 영원한 투자가 되지 못한다.

〈그림 13-1〉 1단계 : 믿지 않는 자의 투자와 나눔

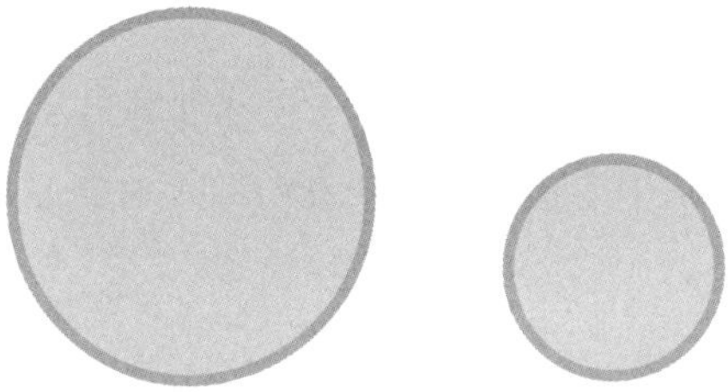

2단계는 예수를 영접하고 그의 일생을 그리스도께 맡기고 그가 지금까지 하나님으로부터 받았던 소득과 재산의 일부를 하나님께 돌려드려야 한다는 하나님의 명령을 인식할 때이다. 이 단계에서는 베푸는 금액의 총량은 이전의 단계와 차이가 없다. 그러나 지금 베푸는 돈은 영원한 목적을 위해 투자되고 있으며 투자의 원과 나눔의 원이 서로 만나는 영역으로 표시된다.

〈그림 13-2〉 2단계 : 예수를 영접하고 소득의 일부를 하나님께 돌려드리는 단계

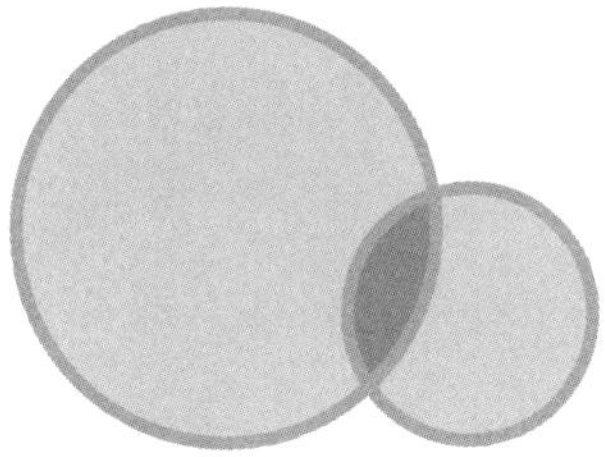

이제 그가 하나님과 동행하면서 믿음이 성장함에 따라서 나눔의 양이 점점 커지는 3단계에 이르게 된다. 그는 마태복음 6장 19절부터 21절까지의 말씀을 생활화한다.

"너희를 위하여 보물을 땅에 쌓아 두지 말라 거기는 좀과 동록이 해하며 도둑이 구멍을 뚫고 도둑질 하느니라

오직 너희를 위하여 보물을 하늘에 쌓아 두라 거기는 좀이나 동록이 해하지 못하며 도둑이 구멍을 뚫지도 못하고 도둑질도 못 하느니라

네 보물 있는 그 곳에는 네 마음도 있느니라."

이 단계는 나눔의 원이 더 커지고 영원한 투자도 더 많아지는 단계이다.

〈그림 13-3〉 3단계 : 하나님과 동행하고자 하는 의지가 강함

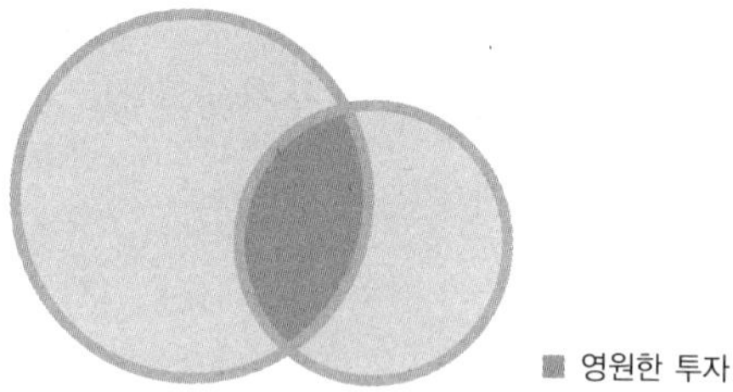

마지막 4단계는 성숙한 그리스도인의 단계이다. 이 단계에 속한 자는 가족의 기본적인 필요를 제공한 후에는 '얼마를 나눠야 하는가?' 보다 '더 많이 나누기 위해 나를 위해서 얼마나 적게 가질 것인가?'의 태도를 가진 자이다. 여기서는 투자의 원과 나눔의 원의 크기가 같아지고 영원한 투자가 최대가 된다.

〈그림 13-4〉 4단계 : 성숙한 그리스도인의 단계

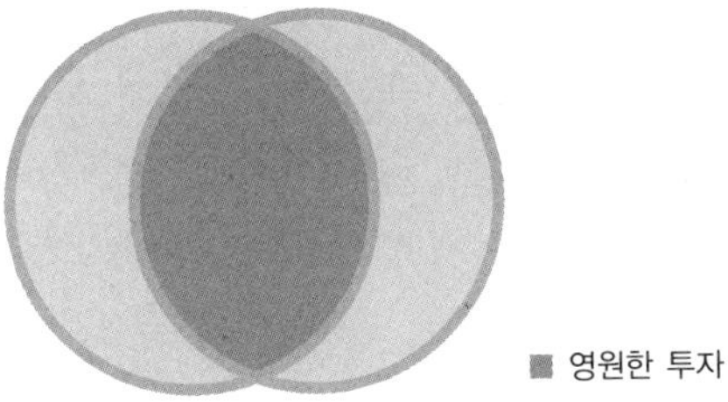

[영원한 투자의 대상]

우리는 누구에게 나눔으로써 영원한 투자를 할 수 있는가? 이 원리를 로마서와 고린도 전서의 구절에서 찾을 수 있다. 로마서 15장 26절과 27절은 이렇게 말하고 있다. "이는 마게도냐와 아가야 사람들이 예루살렘 성도 중 가난한 자들을 위하여 기쁘게 얼마를 연보하였음이라 저희가 기뻐서 하였거니와 또한 저희는 그들에게 빚진 자니 만일 이방인들이 그들의 영적인 것을 나눠 가졌으면 육적인 것으로 그들을 섬기는 것이 마땅하니라."

또 고린도 전서 9장 11절과 12절은 이렇게 말하고 있다. "우리가 너희에게 신령한 것을 뿌렸은즉 너희의 육적인 것을 거두기로 과하다 하겠느냐 다른 이들도 너희에게 이런 권리를 가졌거든 하물며 우리일까 보냐 그러나 우리가 이 권리를 쓰지 아니하고 범사에 참는 것은 그리스도의 복음에 아무 장애가 없게 하려 함이로다."

이 구절들은 사역을 통하여 영적인 복을 받았다면 우리 또한 그 사역을 지원해야 할 빚을 지고 있다는 것을 가르쳐주고 있다.

복음사역의 전략으로 사용하고 있는 사도행전 1장 8절을 영원한 투자의 전략으로 활용할 수 있을 것 같다. "오직 성령이 너희에게 임하시면 너희가 권능을 받고 예루살렘과 온 유대와 사마리아와 땅 끝까지 이르러 내 증인이 되리라 하시니라."

[예루살렘과 같은 지역 교회]

우리가 하나님과 동행함으로써 많은 사역들이 우리의 삶에 변화를 주고 성장에 영향을 준다. 무엇보다도 가장 큰 혜택을 받는 곳은 주일마다 하나님께 예배드리러 가는 지역 교회라 할 수 있다. 그래서 지역 교회는 예루살렘에 해당한다.

지역 교회는 예배할 건물과 교육받을 시설을 제공하며 목사님으로부터 우리 각자의 삶에 적용할 수 있는 영의 양식을 공급받는 곳이다. 또한 지역 교회는 믿지 않는 사람들에게 전도하도록 지원하고 성도와의 교제와 공동 기도를 할 수 있는 곳이다.

[유대와 사마리아의 사역]

어떤 사람들은 지역 교회뿐만 아니라 다른 사역으로부터 영향을 받는다. 이러한 사역들은 하나님과 동행하는 일을 더 진보하게 한다. 저자의 경우에는 대학에서 강의하고 있기 때문에 대학의 복음화 사역에 관심을 가지고 지원하고자 한다. 교수들이 함께 성경 공부를 하기도 하고 캠퍼스 복음화를 위해 사업을 펼치기도 한다.

수년 전부터 저자가 교육하고 있는 영남대학교에 기독학생 생활관을 건립하기 위해 교수들과 지역교회 등으로부터 모금을 해오고 있다. 이 프로젝트에 소요되는 건축 예산의 일부를 교수들이 기부를 하였다. 이 생활관에 들어오는 기독학생들을 지성과 영성을 겸한 인재로 양성시키면 이들이 미래의 한국 사회와 세계에 많은 영향을 줄 것이다. 따라서 기독생활관의 건립에 투자하는 것은 그 투자가치가 매우 높다.

복음을 효과적으로 전하고 있는 기독교 신문, 라디오 또는 텔레비전 방송국도 '유대와 사마리아' 에 해당하는 사역으로 볼 수 있다. 많은 사람들이 이 신문이나 방송을 통하여 복음을 듣게 되고 삶에 영향을 받게 된다.

영원한 투자에 대한 우선권은 개인에 따라 다를 수 있다. 어떤 사람에게는 지역 교회 못지 않게 기독실업인회로부터 도움을 받고 영향을 받을 수 있다. 이러한 경우에는 지역 교회와 함께 기독실업인회에 영원한 투자를 할 수 있다.

또 어떤 이들은 기독교 학문단체를 지원할 수도 있다. 통합연구학회, 한국로고스경영학회, 기독교 학문연구소, 기독교 교육정보학회 등 기독교 세계관에 기초해서 연구를 하고 사회의 여러 가지 문제에 대하여 기독교적인 대안을 제시하는 단체를 돕는 것도 영원한 투자임에 틀림없다.

이 밖에도 월드 비전과 같은 세계적인 구제 단체에 나눌 수도 있다. 비록 우리가 전혀 알지 못하는 가난한 나라의 어린 아이들에게 도움을 주었다 하더라도 우리가 천국에 이르렀을 때에 주님으로부터 이런 말씀을 듣게 될 것이 분명하다.

"내가 주릴 때에 너희가 먹을 것을 주었고 목마를 때에 마시게 하였고 나그네 되었을 때에 영접하였고 헐벗었을 때에 옷을 입혔고 병들었을 때에 돌보았고 옥에 갇혔을 때에 와서 보았느니라" 마태복음 25:35-36.

[유산도 영원한 투자가 될 수 있는가?]

이 책의 2장에서 살펴본 대로 우리의 삶은 재무적 측면에서 다섯 단계로 분류할 수 있는데, 마지막 단계는 분배이다. 우리가 열심히 생활하고도 남는 돈과 재산을 이 세상을 떠날 때 유산으로 남기거나 죽기 전에 증여 형태로 분배해야 한다.

성경은 유산을 남기는 것에 어떤 입장을 취하는가? 먼저, 긍정적인 관점을 보이는 말씀이 있다. 믿음의 조상 아브라함은 아들 이삭에게 모든 소유를 주었다고 창세기 저자는 말하고 있다. "아브라함이 이삭에게 자기의 모든 소유를 주었고 자기 서자들에게도 재산을 주어 자기 생전에 그들로 하여금 자기 아들 이삭을 떠나 동방 곧 동쪽 땅으로 가게 하였더라" 창세기 25:5-6.

솔로몬의 유산에 대한 교훈도 긍정적인 입장을 가지고 있음을 알 수 있다. "선인은 그 산업을 자자손손에게 끼쳐도 죄인의 재물은 의인을 위하여 쌓이느니라" 잠언 13:22. 또 다른 곳에서도 이 긍정적인 입장을 지지한다. "집과 재물은 조상에게서 상속하거니와 슬기로운 아내는 여호와께로서 말미암느니라" 잠언 19:14.

그러나 솔로몬은 부정적 관점을 나타내기도 하였다. "처음에 속히 잡은 산업은 마침내 복이 되지 아니 하느니라" 잠언 20:21. 알콘은 큰 재산을 상속받은 사람들의 이야기를 통해 유산으로 인한 저주가 축복을 훨씬 능가하는 것 같다고 말하고 있는데 이것은 잠언 20장 21절의 말씀을 잘 설명해 주는 것 같다.[108]

시편 기자도 유산에 대해 부정적인 입장을 보이고 있다. "여호와여 이 세상에 살아 있는 동안 그들의 분깃을 받은 사람들에게서 주의 손으로 나를 구하소서 그들은 주의 재물로 배를 채우고 자녀로 만족하고 그들의 남은 산업을 그들의 어린 아이들에게 물려주는 자니이다" 시편 17:14.

성경은 돈에 대해 긍정적인 입장과 함께 부정적인 입장도 가지고 있다. 유산에 대해서도 마찬가지이다. 따라서 유산이 영원한 투자가 될 수 있도록 하는 것이 무엇보다 중요하다. 그렇게 되기 위해서는 먼저 우리의 자녀에게 예수 그리스도를 알고 하나님의 나라를 위해 살도록 해야 한다.

[유산에 대한 실제적 지침]

유산을 남기기 위해 평소에 가족과의 대화를 통해 유산에 대한 입장을 알릴 필요가 있다. 필요하다면 상속에 대한 유서도 미리 작성해 두어야 한다. 유산은 본인의 사랑에 대한 마지막 표현이 될 수 있다. 따라서 유산을 어떻게 배분할 것인지를 사전에 잘 계획하는 것이 효율적이다. 가족을 포함해서 교회에도 유산을 남길 수 있다.

재산이 많을 경우에는 상속세를 줄이고 이 사회에 지속적인 영향을 미치기 위해서는 재단을 설립하는 것도 고려할 수 있다. 사전 증여가 유리한지 사후에 유산으로 남기는 것이 좋은지도 선택해야 한다.

예수 그리스도는 우리에게 이렇게 말씀하신다. "불의의 재물로 친구를 사귀라 그리하면 그 재물이 없어질 때에 그들이 너희를 영주할 처소로 영접하리라" 누가복음 16:9. 우리의 돈을 평소에 영원한 관점에서 사용하는 것이 지혜로운 투자요 영원한 투자가 된다. 우리가 어느 날 천국에 이르게 되었을 때 많은 사람들이 우리의 천국 입성을 뜨거운 박수로 환영한다면 그 기쁨과 감격이 얼마나 크겠는가!

chapter 13
정리를 위한
토론문제

1. 이 마지막 장에서 말하는 '영원한 투자' 란 어떤 개념인지 쉬운 말로 설명해 봅시다. 또 '영원한 투자' 의 기초가 되는 마태복음 6장 19절과 20절을 설명해 봅시다.

2. 예수 그리스도는 두 가지 보물을 이야기한 후에(마태복음 6장 19절과 20절) "네 보물 있는 그 곳에는 네 마음도 있느니라" 마태복음 6:21고 말씀하셨다. 당신의 마음은 어디에 집중되어 있는지 솔직하게 말해 봅시다.

3. '양과 염소 비유' (마태복음 25장 31절부터 46절까지)를 읽고 이 비유를 쉽게 설명해 봅시다. 여기서 양과 염소는 어떤 사람을 말한다고 생각합니까? 또 성경은 우리에게 영생은 어떻게 얻을 수 있다고 말하고 있습니까?
*요한복음 3:16 ; 5:24 ; 로마서 10:9-10 등

4. '양과 염소의 비유' 에서 선행을 베풀 수 있는 경우를 구체적으로 여섯 가지로 반복적으로 제시하고 있다. 여섯 가지가 무엇인지 말해 봅시다. 또 여섯 가지를 이 비유에서 몇 번 반복하고 있습니까? 또 반복하고 있는 이유는 무엇일까요?
각자 이 말씀을 생각하고 믿는 자들을 도운 경험을 서로 나누어 봅시다. 그리고 그 때 느꼈던 감정을 말해 봅시다.

5. 제임스 힌들은 영원한 투자에는 네 단계가 있다고 설명하고 있습니다. 이 네 단계를 간단히 말해 봅시다. 당신은 어느 단계에 속한다고 생각하는지 말해 봅시다. 또 앞으로 어떻게 나눌 계획인지 각자의 결심을 말해 봅시다.

6. 우리는 누구에게 나눔으로써 영원한 투자를 할 수 있는지 그 원리를 로마서 15장 26절과 27절과 고린도 전서 9장 11절과 12절을 참고하여 말해 봅시다. 또 사도행전 1장 8절에 의해 나눔의 전략을 세우고 말해 봅시다. 여기서 예루살렘과 '유대와 사마리아', 그리고 땅끝은 어디라고 생각합니까?

7. 성경은 유산에 대해 어떤 입장을 가지고 있습니까? 또 어떻게 하면 유산이 영원한 투자가 될 수 있겠습니까?

8. 사전 증여가 유리한지 사후에 유산으로 남기는 것이 좋은지 당신의 의견을 말해 봅시다. 저자는 "우리가 어느 날 천국에 이르게 되었을 때 많은 사람들이 우리의 천국 입성을 뜨거운 박수로 환영한다면 그 기쁨과 감격이 얼마나 크겠는가!"라고 말하고 있습니다.
이러한 기쁨과 감격을 누리기 위해 우리는 평소 어떤 삶을 살아야 하겠습니까? 각자의 결단을 나눠 봅시다.

주 | 註

1장 성경으로 배우는 증권투자

1 조선일보, 2000년 10월 17일.

2 박정윤, 성경으로 배우는 증권투자 : 인터넷 강의과목 개발사례, 한국로고스경영학회 추계학술대회 발표논문집.

2장 성경적 투자관과 투자계획

3 이 논문은 통합연구 5권 3호(1992. 11. 17), 131-149 쪽에 게재되었다.

4 마가복음 5장 1절에서 20절까지 내용을 참고.

5 물론 종들은 그 당시에는 물적자산으로 인정되었으나 지금은 인적자산에 속한다.

6 누가복음 16장 12절, "너희가 만일 남의 것에 충성하지 아니하면 누가 너희의 것을 너희에게 주겠느냐."

7 Allen P. Ross(1991), *The Expositors Bible Commentary*, the Zondervan Corporation, 965.

8 Paul, Stevens(1997), *The Complete Book of Everyday Christianity*, InterVarsity Press, 543.

9 박정윤, "이중적 경영모형 : 하나님의 경영과 사람의 경영", 로고스경영연구, 2004. 10. 8, 1-13.

10 이 부분은 Gary D. Moore(1990)의 *The Thoughtful Christian's Guide to Investing* (Zondervan Publishing House), 69-83을 참고하였다.

3장 성경의 투자원리

11 1년 365일 가운데 300일 일한다고 가정하면 6,000/300 = 20 (년)이 된다.

12 D. A. Carson(1991), *The Expositors Bible Commentary*, the Zondervan Corporation, 516.

13 저자가 주식과 채권을 비롯한 중요한 투자상품의 수익률과 위험의 크기를 측정해본 적이 있다. 1980년부터 1999년까지 측정했을 때 주식은 연평균 수익률과 위험(표준편차)가 각각 18.6%와 35.7%였다. 지금은 그 기간보다 위험과 기대수익률이 좀 더 낮아졌을 것이라는 가정에서 이렇게 추정하였다.
박정윤(2003), 재무관리논총 제 9권 제 1호, 한국재무관리학회, 145-161.

14 정종락(2003), 투자론, 세경사, 27-28.

15 Allen P. Ross(1991), *The Expositors Bible Commentary*, the Zondervan Corporation, 1067.

16 Gary D. Moore(1990)의 *The Thoughtful Christian's Guide to Investing* (Zondervan Publishing House), 107-108.

17 전게서, 106.

4장 저축과 투자의 지혜

18 잠언 6:6-9.

19 2008년 1월 현재 CMA의 수익률은 세전으로 5% 수준이다. 이 수익률은 시장의 상황에 따라 변경되므로 시장상황의 변화에 주의해야 한다.

20 Gary D. Moore(1990)의 *The Thoughtful Christian's Guide to Investing* (Zondervan Publishing House), 123-127.

5장 안정적 소득을 위한 채권투자

21 누가복음 16:1-13. 이 비유에 나오는 주인은 부자이고, 주인에게 빚진 자는 가난한 자로 볼 수 있다. 청지기는 부자도 빈자도 아닌 보통 수준의 사람이라고 볼 수 있다.

22 열왕기하 4장부터 7장은 엘리사가 행한 이적과 사역의 묶음으로 알려진 소위 엘리사 순환(열왕기하 2장부터 12장)의 핵심 부분이다.

23 R. D. Patterson and Hermann J. Austel(1991), *The Expositors Bible Commentary*, the Zondervan Corporation, 183.

24 Earl S. Kalland(1991), 전게서, 143. 출애굽기 22:25과 레위기 25:35-37 참조.

25 본문에는 '채무 증서' 라는 말 대신 단순히 '증서' 로 나와 있다.

26 이 부분 이후의 채권투자에 대한 내용은 김대호, 오세경(2007), 경문사, 9장을 많이 참고하였다.

27 채권수익률은 만기수익률 이외에도 발행수익률, 경상수익률, 연평균수익률, 실효수익률, 세전수익률과 세후수익률이 있다.

28 투자적격의 신용등급은 AAA, AA, A, BBB 이상이다. 투자부적격은 BB, B, CCC, C, D 이다.

29 Allen P. Ross(1991), *The Expositors Bible Commentary*, the Zondervan Corporation, 1104.

6장 성장을 위한 주식투자

30 Walter L. Liefeld(1991), *The Expositors Bible Commentary*, the Zondervan Corporation, 1008-1009.

31 박정윤(2003), 재무관리논총 제 9권 제 1호, 한국재무관리학회, 145-161.

32 Gary D. Moore(1990)의 *The Thoughtful Christian's Guide to Investing* (Zondervan Publishing House), 173-175.

33 박현주(2007), 『돈은 아름다운 꽃이다』, 김영사, 177-178.

34 Thomas E. McComiskey(1991), *The Expositors Bible Commentary*, the Zondervan Corporation, 436.

35 증권선물거래소(2007), 『투자로 미래를 설계하라』, 교보문고, 177.

36 증권선물거래소(2007), 전게서, 178.

37 증권선물거래소(2007), 전게서, 178.

38 매일경제, 2008. 1. 11.

7장 사회책임투자

39 창세기 43:16, 두란노 서원, 비전성경사전.

40 Walter L. Liefeld(1991), *The Expositors Bible Commentary*, the Zondervan Corporation, 989.

41 *Matthew Henry's Commentary*(1721), Volume V, McDonald Publishing Company, McLean, Virginia, 752.

42 에이미 도미니(2004), 『사회책임투자』, 필맥, 구홍표, 이주명 옮김, 21-24.

43 에이미 도미니(2004), 전게서, 22-24.

44 Peter Camejo(2002), *The SRI Advantage : Why Socially Responsible Investing Has Outperformed Financially*, New Society Publishers, 1-2.

45 Peter Camejo(2002), 전게서, 2.

46 에이미 도미니(2004), 전게서, 54-55.

47 John C. Harrington(1992), *Investing With Your Conscience*, John. Wiley & Sons, Inc., 10-13.

48 에이미 도미니(2004), 전게서, 43-44.

49 에이미 도미니(2004), 전게서, 45-46.

50 에이미 도미니(2004), 전게서, 150.

51 에이미 도미니(2004), 전게서, 49.

52 에이미 도미니(2004), 전게서, 52.

8장 스크리닝의 원리와 적용

53 천국에 관한 일곱 가지 비유는 '씨뿌리는 자의 비유'를 비롯하여 가라지 비유, 겨자씨 비유, 누룩 비유, 감추인 보화 비유, 값진 진주 비유, 그리고 그물 비유이다.

54 에이미 도미니(2004), 전게서, 81.

55 에이미 도미니(2004), 전게서, 81-85.

56 에이미 도미니(2004), 전게서, 87-89.

57 에이미 도미니(2004), 전게서, 89.

58 에이미 도미니(2004), 전게서, 90-92.

59 John C. Harrington(1992), 전게서, 108-109.

60 에이미 도미니(2004), 전게서, 115-118.

9장 기업과의 직접대화

61 배종석 외(2007), 『기업이란 무엇인가』, 예영 커뮤니케이션, 27-38.

62 D. A. Carson(1991), *The Expositors Bible Commentary*, the Zondervan Corporation, 138.

63 D. A. Carson(1991), 전게서, 139.

64 "흑암에 앉은 백성이 큰 빛을 보았고 사망의 땅과 그늘에 앉은 자들에게 빛이 비치었도다 하였느니라" 마태복음 4:16 "참 빛 곧 세상에 와서 각 사람에게 비추는 빛이 있었나니" 요한복음 1:9.

65 빌립보서 2장 15절에서도 이렇게 말하고 있다. "이는 너희가 흠이 없고 순전하여 어그러지고 거스르는 세대 가운데서 하나님의 흠 없는 자녀로 세상에서 그들 가운데 빛들로 나타내며."

66 D. A. Carson(1991), 전게서, 170.

67 D. A. Carson(1991), 전게서, 170.

68 D. A. Carson(1991), 전게서, 170-171.

69 D. A. Carson(1991), 전게서, 171.

70 노동자의 하루 품삯이 한 데나리온이고 노동자가 1년 가운데 300일 일한다고 가정하면 6,000 데나리온을 모으는 데 6,000/300 = 20(년)이 소요된다.

71 Stott(1978), The Message of the Sermon on the Mount, IVP, 149-150. D. A. Carson(1991), 전게서, 172-173에서 재인용.

72 홍정길(1992), 『주기도문강해』, 새순출판사, 117-136.

73 최인철외, "주주행동주의의 대두와 과제", CEO 인포메이션, 제 185호, 1-25.

74 에이미 도미니(2004), 전게서, 119-133.

75 이것은 이 나라의 인종차별 정책을 종식시키기 위한 운동이었다.

76 에이미 도미니(2004), 전게서, 133-136.

77 에이미 도미니(2004), 전게서, 133-136-141.

10장 투자를 통한 지역사회개발

78 Walter A. Liefield(1991), *The Expositors Bible Commentary*, the Zondervan Corporation, 943-944.

79 극빈층이란 부동산적으로 볼 때 지하방, 옥탑방, 판잣집, 비닐 하우스집, 움막, 동굴 등에서 사는 사람을 말한다. 홍인욱(2004), 주거빈곤계층의 주거실태와 지원방안, 국토.

80 에이미 도미니(2004), 전게서, 151-159.

81 에이미 도미니(2004), 전게서, 159-162.

82 에이미 도미니(2004), 전게서, 169-172.

11장 환경 투자의 이해와 적용

83 김균진(1991), "현대에 있어서 생태계의 위기와 자연에 대한 오늘의 신학적 인식", 성곡논총 제 22집, 59-101.

84 전게서, 61.

85 전게서, 75.

86 박정윤(2002), "창조에 나타난 경영사상", 기독경영연구 창간호, 65-74.

87 한홍(2005), 『시간의 마스터』, 비전과 리더십, 24-28.

88 김균진(1991), 전게서, 81-83.

89 '보시기에 좋았다' 는 표현은 4절, 10절, 12절, 18절, 25절, 그리고 31절에 각각 나온다.

90 John H. Sailhamer(1991), *The Expositors Bible Commentary*, the Zondervan Corporation, 26.

91 이 찬송의 작시자인 바브콕 목사는 하나님께서 지으신 자연을 무척 사랑하는 사람이었다. 그는 새벽마다 온타리오 호수가 내려다보이는 산을 산책하는 습관이 있었는데 그는 항상 "나는 내 아버지께서 지으신 세계를 보기 위해 산책을 나선다"라고 말하였다. 그는 하나님과의 깊은 교제 가운데 자연을 바라보았으며 그 속에서 영감을 받아 이 시를 쓰게 되었다.

92 이병욱(1997), 환경경영론, 비봉출판사, 37-40.

93 이병욱(1997), 전게서, 41-50.

94 이병욱(1997), 전게서, 76-79

95 대구환경운동연합의 이은정 사무국장의 글을 인터넷에서 참고하였다.

96 에이미 도미니(2004), 전게서, 254-255.

97 대구환경운동연합의 이은정 사무국장의 글을 인터넷에서 일부 발췌한 것이다.

12장 투자 상담과 펀드 투자

98 Walter L. Liefeld(1991), *The Expositors Bible Commentary*, the Zondervan Corporation, 949.

99 Merrill C. Tenney(1991), 전게서, 148.

100 J. Stafford Wright(1991), 전게서, 1189.

13장 영원한 투자

101 UN의 정의에 의하면, 고령화사회는 65세 이상 노인 인구가 전체 인구에서 7%를 차지하는 사회를 말하고, '고령사회'는 65세 이상 노인 인구가 전체 인구에서 14%를 초과한 사회, 그리고 '초고령사회' 는 65세 이상 노인 인구가 전체 인구에서 20% 이상을 차지하는 사회를 각각 말한다. 한국은 2000년에 이미 고령화 사회에 진입하였고, 2022년에 고령 사회, 2026년에 초고령 사회에 진입할 것으로 예상하고 있다.

102 D. A. Carson(1991), *The Expositors Bible Commentary*, the Zondervan Corporation, 177.

103 D. A. Carson(1991), 전게서, 177.

104 권성수(1993), 『천국은 어떤 나라인가?』, 횃불, 156.

105 전게서, 161.

106 전게서, 163.

107 James E. Hindle, Jr., *"Making the Pieces Fit" (How to be sure your giving is a worthwhile investment)*, 『완전한 성공』 1권, 대구 기독경영연구회 번역, 221-227.

108 Randy Alcorn(2003), *Money, Possessions and Eternity*, Tyndale House Publishers, Inc., Wheaton Illinois, 370.

참고 문헌

권성수 (1993), 『천국은 어떤 나라인가?』, 횃불.

김균진 (1991), "현대에 있어서 생태계의 위기와 자연에 대한 오늘의 신학적 인식", 성곡논총 제 22집.

도미니, 에이미 (2004), 『사회책임투자』, 필맥, 구홍표, 이주명 옮김.

박정윤 (2002), "창조에 나타난 경영사상", 기독경영연구 창간호.

박정윤, "성경으로 배우는 증권투자 : 인테넷 강의과목 개발사례", 한국로고스경영학회 2007년 추계학술대회 발표논문집.

박정윤 (2003), "주식을 과연 투자대상으로 고려해도 좋은가?", 재무관리 논총, 한국재무관리학회, 제9권 제 1호, 145-161.

박정윤 (2004), "이중적 경영모형 : 하나님의 경영과 사람의 경영", 로고스경영연구.

박현주 (2007), 『돈은 아름다운 꽃이다』, 김영사.

배종석 외 (2007), 『기업이란 무엇인가』, 예영 커뮤니케이션.

정종락 (2003), 『투자론』, 세경사.

이병욱 (1997), 『환경경영론』, 비봉.

최인철 외, "주주행동주의의 대두와 과제", CEO 인포메이션, 제 185호.

증권선물거래소 (2007), 『투자로 미래를 설계하라』, 교보문고.

한 홍 (2005), 『시간의 마스터』, 비전과 리더십.

홍정길 (1992), 『주기도문강해』, 새순출판사.

Alcorn, Randy (2003), *Money, Possessions and Eternity*, Tyndale House Publishers, Inc., Wheaton Illinois.

Camejo, Peter (2002), *The SRI Advantage: Why Socially Responsible Investing Has Outperformed Financially*, New Society Publishers.

Carson, D. A. (1991), *The Expositors Bible Commentary*, the Zondervan Corporation.

Harrington, John C. (1992), *Investing With Your Conscience*, John. Wiley & Sons, Inc.

Henry, Matthew (1721), *Matthew Henry's Commentary*, Volume V, McDonald Publishing Company, McLean, Virginia.

Hindle, Jr., James E. *"Making the Pieces Fit"(How to be sure your giving is a worthwhile investment)*, 『완전한 성공』 (1999) 1권, 대구 기독경영연구회 번역, CUP.

Liefeld, Walter L. (1991), *The Expositors Bible Commentary*, the Zondervan Corporation.

McComiskey, Thomas E. (1991), *The Expositors Bible Commentary*, the Zondervan Corporation.

Moore, Gary D. (1990)의 *The Thoughtful Christian's Guide to Investing*, Zondervan Publishing House.

Patterson, R. D. and Hermann J. Austel (1991), *The Expositors Bible Commentary*, the Zondervan Corporation.

Ross, Allen P. (1991), *The Expositors Bible Commentary*, the Zondervan Corporation.

Sailhamer, John H. (1991), *The Expositors Bible Commentary*, the Zondervan Corporation

Stevens, Paul (1997), *The Complete Book of Everyday Christianity*, InterVarsity Press.

Stott (1978), The Message of the Sermon on the Mount, IVP.

Tenney, Merrill C. (1991), *The Expositors Bible Commentary*, the Zondervan Corporation.

Wright, J. Stafford (1991), *The Expositors Bible Commentary*, the Zondervan Corporation.